大学数学学习指导丛书

U0853081

概率论与数理统计
学习指导

主　编　刘罗华　杨小娟　徐承杰
副主编　邓胜岳　邓卫兵　易奎英

湘潭大学出版社

图书在版编目（CIP）数据

概率论与数理统计学习指导 / 刘罗华，杨小娟主编
. -- 湘潭 : 湘潭大学出版社，2014.8（2025.1 重印）
ISBN 978-7-81128-740-0

Ⅰ. ①概… Ⅱ. ①刘… ②杨… Ⅲ. ①概率论－高等学校－教学参考资料②数理统计－高等学校－教学参考资料 Ⅳ. ①O21

中国国家版本馆 CIP 数据核字（2023）第 011220 号

概率论与数理统计学习指导

GAILÜLUN YU SHULI TONGJI XUEXI ZHIDAO

刘罗华 杨小娟 主编

责任编辑：王亚兰
封面设计：闪电工作室
出版发行：湘潭大学出版社
社　　址：湖南省湘潭大学工程训练大楼
电　　话：0731-58298960 0731-58298966（传真）
邮　　编：411105
网　　址：http://press.xtu.edu.cn/
印　　刷：长沙鸿和印务有限公司
经　　销：湖南省新华书店
开　　本：787 mm×1092 mm 1/16
印　　张：6.25
字　　数：152 千字
版　　次：2014 年 8 月第 1 版
印　　次：2025 年 1 月第 11 次印刷
书　　号：ISBN 978-7-81128-740-0
定　　价：13.00 元

前　言

本书是韩旭里、谢永钦所主编的《概率论与数理统计(第一版)》(复旦大学出版社 2013 年版)的配套的学习指导书,既可作为高等院校概率论与数理统计课程的教学辅导参考书,也可作为数学爱好者学习概率统计的补充读物。

本书旨在帮助读者掌握概率论与数理统计课程的基本要求、学习重点、学习难点和学习内容,帮助读者提高学习效率。

本书分为三部分:第一部分为基本知识。结构与教材的内容平行,且紧扣教材,主要分为八章:第一章至第五章为概率论部分,第六章至第八章为数理统计部分。每章按照循序渐进,逐渐增加难度的原则又分为基本习题和自测题两大块。第二部分为期末模拟试题,共五套模拟试题。第三部分为历年考研真题部分,按章节从历年考研试题中精选出部分考研题。

本书注重体现概率统计的思想方法与基本内容,强调对学生解题方法与能力的培养,力求做到深入浅出,通俗易懂,便于教学与自学。部分考研真题的引入,能加深对基本内容的理解和掌握,开阔视野,还会增强学好这门课程的信心和兴趣。

本书由刘罗华、杨小娟任主编,邓胜岳、邓卫兵、易奎英任副主编,王学斌、张红梅、张爱萍、唐亮、杨莲娇、刘斌、吕勇、宋玉琴、陈平鸽、韩峰等老师也参加了本书的编写,陈志彬教授、江力教授等为本书的编写提出了许多宝贵意见。

本书的编写得到了湖南工业大学教务处和湖南工业大学理学院的大力支持,在此深表谢意!

由于编写者水平有限,书中有不足之处,恳请大家批评指正!

编　者

2014.7

目　　录

第一章　概率论的基本概念

基本要求

事件与概率是概率统计中两个最基本的概念。要求理解随机现象，随机事件的概念，掌握事件的关系与运算，理解概率的古典定义，掌握古典概率的计算方法，知道几何概率，知道随机事件的频率稳定性，了解概率的公理化体系，掌握概率的基本性质，并能熟练运用其进行概率计算。

条件概率也是一种概率，要求理解这一重要概念，掌握乘法定理、全概率公式和贝叶斯公式，并能用它们进行概率计算。独立性是概率统计中所特有的概念，其引入对概率论的发展起了重大的作用，要求理解事件独立性的概念，能用其进行概率计算，知道试验独立性的概念，了解贝努里试验概型，会用二项分布进行有关概率的计算。

学习重点

事件的定义与概率的定义，事件概率的计算。

学习难点

事件的定义与概率的定义，概率的公理化体系，事件概率的计算。

学习内容

1. 事件与概率：随机事件的概念，事件的关系和运算，样本空间的定义，随机事件的频率稳定性，概率的古典定义，几何概率，概率的公理化体系。

2. 条件概率与独立性：条件概率，乘法定理，全概率公式，贝叶斯公式，事件的相互独立性，试验的相互独立性，贝努里试验，二项分布。

考核要求

1. 理解随机事件的概念，了解样本空间的概念，熟练掌握事件之间的关系与运算。

2. 深刻理解古典概率的定义，掌握利用古典概型计算概率的方法，熟练掌握概率的基本性质和应用这些性质计算概率。

3. 理解条件概率的概念，熟练掌握概率的加法公式、乘法公式、全概率公式、贝叶斯公式，以及它们的应用。

4. 理解事件的独立性概念，熟练掌握应用事件独立性进行概率计算。

习题一　样本空间、随机事件

1. 写出下列随机试验的样本空间：

(1) 记录一个小班一次数学考试的平均分数(设以百分制记分)；

(2) 生产产品直到有 10 件正品为止，记录生产产品的总件数；

(3) 对某工厂出厂的产品进行检查，合格的记上“正品”，不合格的记上“次品”，如连续查出 2 个次品就停止检查，或检查 4 个产品，出现次品就停止检查，记录检查的结果；

(4) 在单位圆内任意取一点，记录它的坐标。

2. 设 A、B、C 为三个事件，试用 A、B、C 的运算关系式表示下列事件：

(1) A 发生，B、C 都不发生；　(2) A 与 B 发生，C 不发生；

(3) A、B、C 都发生；　(4) A、B、C 至少有一个发生；

(5) A、B、C 都不发生；　(6) A、B、C 不都发生；

(7) A、B、C 至多有 2 个发生；　(8) A、B、C 至少有 2 个发生。

3. 在电气系的学生中，任选一名学生，事件 $A=\{$被选的学生是男生$\}$，事件 $B=\{$被选的学生是三年级学生$\}$，事件 $C=\{$被选的学生是科普队的$\}$。

(1) 叙述事件 $AB\overline{C}$ 的含义；　(2) 在什么条件下 $AB=C$ 成立？

(3) 在什么条件下 $C\subset B$ 成立？　(4) 在什么条件下 $\overline{A}=B$ 成立？

习题二　概率、古典概型

1. 设 $P(A)=p, P(B)=q, P(A\cup B)=r$，求：$P(AB), P(A\bar{B}), P(B\bar{A}), P(\bar{A}\cup\bar{B}), P(A\cup\bar{B})$。

2. 设 A,B,C 是三个事件，且 $P(A)=P(B)=P(C)=\frac{1}{4}$，$P(AC)=\frac{1}{8}$，$P(AB)=P(BC)=0$，求：$A,B,C$ 至少有一个发生的概率。

3. 从 0,1,2,…,9 等十个数字中任意选出三个不同的数字，试求下列事件的概率：$A=$ {三个数字中不含 0 和 5}；$B=$ {三个数字中不含 0 或 5}。

4. 有 50 件产品，已知其中有 4 件不合格，从中随机取出 3 件，求 3 件中至少有 1 件是不合格产品的概率。

5. 从(0,1)中随机地取两个数，求：(1) 两个数之和小于 $\frac{6}{5}$ 的概率；(2) 两个数之积小于 $\frac{1}{4}$ 的概率。

习题三 条件概率、全概率公式

1. 设 A、B 是两事件，且 $P(A)=\frac{1}{4}$，$P(B|A)=\frac{1}{3}$，$P(A|B)=\frac{1}{2}$，求 $P(A\cup B)$。

2. 甲、乙、丙三个袋子，甲袋中有白球 2 只、黑球 1 只，乙袋中有白球 1 只、黑球 2 只，丙袋中有白球 2 只、黑球 2 只，现随机选出一个袋子，再从袋子中取一球，问取出的球是白球的概率是多少？

3. 有位朋友从远方来，他乘火车、轮船、汽车、飞机来的概率分别是 0.3、0.2、0.1 和 0.4，如他乘火车、轮船、汽车来的话，迟到的概率分别为 $\frac{1}{4}$、$\frac{1}{3}$、$\frac{1}{2}$，而乘飞机则不会迟到。求：(1) 他迟到的概率是多少；(2) 如他迟到了，问他是乘火车来的概率是多少。

4. 某工厂中三台机器分别生产产品总数的 25%、35%、40%，它们生产的产品中分别有 5%、4%、2%的次品。将这些产品混在一起，从中随机地取出一件产品，求：(1) 取到次品的概率；(2) 如果取到的一件恰好是次品，求这件次品是第一台机器生产的概率。

习题四　独立性

1. 假设掷两次骰子，并定义 $A=\{$第一次掷得偶数点$\}$，$B=\{$第二次掷得奇数点$\}$，$C=\{$两次都掷得偶数点或奇数点$\}$，证明：A、B、C 两两独立，但 A、B、C 不相互独立。

2. 假设 $P(A)=0.4$，$P(A\cup B)=0.7$。

(1) 若 A 与 B 互不相容，求 $P(B)$；

(2) 若 A 与 B 相互独立，求 $P(B)$。

3. 一射手对同一目标独立地进行 4 次射击，若至少命中一次的概率为 $\frac{80}{81}$，则该射手的命中率为多少？

4. 工人看管三台机床，在一个小时内每台机床不需要照看的概率均为 0.8，求下列事件的概率：(1) 三台机床都不需要工人照看；(2) 至少有一台机床需要工人照看；(3) 三台机床都需要工人照看。

自测题

一、填空题

1. 将 E、S、T、T 四个字母随机的排成一行，那么，恰好排成英文单词 TEST 的概率为__________。

2. 100 个球，40 个白球、60 个红球，先后不放回地取 2 次，则第 2 次取到白球的概率为__________。

3. 设两两相互独立的三事件，A、B 和 C 满足条件：$ABC=\phi$，$P(A)=P(B)=P(C)<\frac{1}{2}$，且 $P(A\cup B\cup C)=\frac{9}{16}$，则 $P(A)=$__________。

二、选择题

1. 当 $\bar{A}$ 与 $\bar{B}$ 互不相容时，$P(\overline{A\cup B})=$(　)。

(A) $1-P(A)$　　(B) $1-P(A)-P(B)$　　(C) 0　　(D) $P(\bar{A})P(\bar{B})$

2. 若两事件 A、B 同时出现的概率 $P(AB)=0$，则(　)。

(A) A 和 B 不相容　　(B) AB 是不可能事件

(C) AB 未必是不可能事件　　(D) $P(A)=0$ 或 $P(B)=0$

3. 设 A、B 为随机事件，且 $P(B)>0$，$P(A|B)=1$，试比较 $P(A\cup B)$ 与 $P(A)$ 的大小(　)。

(A) $P(A\cup B)>P(A)$　　(B) $P(A\cup B)<P(A)$

(C) $P(A\cup B)=P(A)$　　(D) 无法比较

4. 某批产品共 20 件，其中 4 件为次品，不放回地从中任取两次，一次取一件，若第一次取得的是次品，则第二次再取得次品的概率为(　)。

(A) $\frac{1}{24}$　　(B) $\frac{1}{12}$　　(C) $\frac{1}{48}$　　(D) $\frac{3}{19}$

三、计算题

1. 设两个相互独立的事件 A 和 B 都不发生的概率为 $\frac{1}{9}$，A 发生 B 不发生的概率与 B 发生 A 不发生的概率相等，求 $P(A)$。

2. 随机地向半圆 $0<y<\sqrt{2ax-x^2}$（a 为正常数）内掷一点，点落在半圆内任何区域的概率与区域的面积成正比，则原点和该点的连线与 x 轴的夹角小于$\frac{\pi}{4}$的概率为多少？

3. 甲、乙、丙三人独立地向同一飞机射击，设击中的概率分别是0.4、0.5、0.7，若只有一人击中，则飞机被击落的概率为0.2；若有两人击中，则飞机被击落的概率为0.6；若三人都中，则飞机一定被击落。求飞机被击落的概率。

4. 有2 500人参加人寿保险，每年初每人向保险公司交付保险费12元，若在这一年内死亡，则其家属从保险公司领取2 000元，假设每人在这一年内死亡的概率是0.002，求保险公司获利不少于10 000元的概率。

5. 设来自三个地区的各10名、15名和25名考生的报名表，其中，女生的报名表分别为3份、7份和5份。随机抽取一个地区的报名表，从中先后抽出两份。

(1) 求先抽取的一份是女生报名表的概率；

(2) 已知后抽到的一份是男生报名表，求先抽到的一份是女生报名表的概率。

第二章　随机变量

基本要求

理解随机变量的概念，会用随机变量描述随机事件，理解分布函数的定义，理解离散型随机变量和连续型随机变量这两类最重要的随机变量的定义，它们的取值范围不同，因此，它们的描述及处理方法都大不一样，要求进行对比，加深理解。

二项分布，泊松分布与正态分布是概率统计中最重要的三大分布，要求掌握它们的结构特点、计算、概率意义和在实际中的应用，对于正态分布，要理解其性质，理解一般正态分布和标准正态分布的关系，能熟练地用查表方法对正态分布进行计算。

学习重点

离散型随机变量和连续型随机变量。

学习难点

连续型随机变量。

学习内容

1. 一维随机变量的概念，分布函数的定义；
2. 离散型随机变量的定义，二项分布与泊松分布；
3. 连续型随机变量的定义，正态分布；
4. 随机变量函数的分布。

考核要求

1. 理解一维随机变量和分布函数的概念，掌握分布函数的性质及其应用；

2. 深刻理解离散型随机变量及其分布律的概念，深刻理解连续型随机变量及其概率密度的概念，熟练掌握分布律和概率密度的性质及其应用；

3. 熟练掌握 0－1 分布、二项分布、泊松分布、均匀分布、指数分布和正态分布，会使用泊松定理近似计算二项分布的概率；

4. 会求简单随机变量函数的概率分布。

习题一　离散型随机变量及其分布

1. 一房间有 3 扇同样大小的窗户，其中只有一扇是打开的，有一只鸟自打开的窗户飞入了房间，它只能从开着的窗户飞出去。鸟在房子里飞来飞去，试图飞出房间。

(1) 假定鸟是没有记忆的，鸟飞向各扇窗户是随机的。以 X 表示为了飞出房间试飞的次数，求 X 的分布律。

(2) 若鸟是有记忆的，它飞向任一窗户的尝试不多于一次。以 Y 表示为了飞出房间试飞的次数，求 Y 的分布律。

2. 设随机变量 X 的分布律为

X	-1	2	3
p_k	$\frac{1}{4}$	$\frac{1}{2}$	$\frac{1}{4}$

求 X 的分布函数，并求 $P\{X \leqslant \frac{1}{2}\}$，$P\{\frac{3}{2} < X \leqslant \frac{5}{2}\}$，$P\{2 \leqslant X \leqslant 3\}$。

3. 设随机变量 X 的分布函数为 $F(x) = \begin{cases} 0, & x < -1 \\ 0.4, & -1 \leqslant x < 1 \\ 0.8, & 1 \leqslant x < 3 \\ 1, & x \geqslant 3 \end{cases}$，求 X 的分布律。

习题二　连续型随机变量及其分布

1. 随机变量 X 具有概率密度 $f(x)=\begin{cases} ax, & 0\leqslant x\leqslant 1 \\ a, & 1<x\leqslant 2 \\ -ax+3a, & 2<x\leqslant 3 \end{cases}$。求：(1)系数 a；(2) $P\{X>1.5\}$；(3) X 的分布函数。

2. 设连续型随机变量 X 的分布函数为 $F(x)=\begin{cases} 0, & x\leqslant -a \\ A+B\arcsin\dfrac{x}{a}, & -a<x\leqslant a \\ 1, & x>a \end{cases}$。求：(1) 系数 A,B 的值；(2) $P\{-a<X<\dfrac{a}{2}\}$；(3) 随机变量 X 的概率密度。

3. 设某类日光灯管的使用寿命 X 服从参数为 1/2 000 的指数分布(单位：小时)。
(1) 任取一只这种灯管，求能正常使用 1 000 小时以上的概率；
(2) 有一只这种灯管已经正常使用了 1 000 小时以上，求还能使用 1 000 小时以上的概率。

4. 设 $X\sim N(3,2^2)$。
(1) 求 $P\{2<X\leqslant 5\}$，$P\{-4<X\leqslant 10\}$，$P\{|X|>2\}$，$P\{X>3\}$；
(2) 确定 c，使 $P\{X>c\}=P\{X\leqslant c\}$。

习题三　随机变量函数的分布

1. 设

X	-1	1	2
p	$1/6$	$2/6$	$3/6$

，求 $Y = X^2 - 5$ 的分布律。

2. 设随机变量 X 的概率密度为 $f_X(x) = \begin{cases} \dfrac{x}{8}, & 0 < x < 4 \\ 0, & \text{其他} \end{cases}$，求随机变量 $Y = 2X+8$ 的概率密度。

3. 设随机变量 X 的概率密度为 $f_X(x) = \begin{cases} 0, & x < 0 \\ x^3 e^{-x^2}, & x \geqslant 0 \end{cases}$，求随机变量 $Y = X^2$ 和 $Y = 2X + 3$ 的概率密度。

自测题

一、填空题

1. 设三次独立试验中，事件 A 出现的概率相等。若已知 A 至少出现一次的概率为$\frac{19}{27}$，求 A 在一次试验中出现的概率________。

2. 若随机变量 $X \sim N(2,\sigma^2)$，且 $P\{2 < X < 4\} = 0.3$，则 $P\{X < 0\} =$ ________。

3. 设随机变量 X 的密度函数为 $f_X(x) = \frac{1}{\pi(1+x^2)}$，则 $Y = 1-\sqrt[3]{x}$ 的密度函数 $f_Y(y) =$ ________。

二、选择题

1. 设随机变量 X 的密度函数为 $\varphi(x)$，且 $\varphi(-x) = \varphi(x)$，$F(x)$ 是 X 的分布函数，则对任意实数 a，有(　)。

(A) $F(-a) = 1-\int_0^a \varphi(x)\,dx$　　(B) $F(-a) = \frac{1}{2}-\int_0^a \varphi(x)\,dx$

(C) $F(-a) = F(a)$　　(D) $F(-a) = 2F(a)-1$

2. 设随机变量 X 服从正态分布 $N(\mu,\sigma^2)$，则随 σ 的增大，概率 $P\{|X-\mu| < \sigma\}$ (　)。

(A) 单调增大　(B) 单调减少　(C) 保持不变　(D) 增减不定

3. 设随机变量 X 服从正态分布 $N(\mu_1,{\sigma_1}^2)$，Y 服从正态分布 $N(\mu_2,{\sigma_2}^2)$，且 $P\{|X-\mu_1| < 1\} > P\{|Y-\mu_2| < 1\}$，试比较 σ_1 与 σ_2 的大小。(　)

(A) $\sigma_1 = \sigma_2$　(B) $\sigma_1 > \sigma_2$　(C) $\sigma_1 < \sigma_2$　(D) 无法比较

三、计算题

1. 设离散型随机变量 X 的分布函数为 $F(x) = \begin{cases} 0, & x < -1 \\ a, & -1 \leqslant x < 1 \\ \frac{2}{3}-a, & 1 \leqslant x < 2 \\ a+b, & x \geqslant 2 \end{cases}$，且 $P\{X = 2\} = \frac{1}{2}$，试确定常数 a、b，并求 X 的分布律 。

2. 随机变量 X 的概率密度 $f(x)=\begin{cases}a\cos x, & |x|\leqslant \frac{\pi}{2}\\ 0, & \text{其他}\end{cases}$，求：(1) 系数 a；(2) $P\{0<X<\frac{\pi}{4}\}$；(3) X 的分布函数。

3. 设某仪器上装有 3 只独立工作的同型号电子元件，其寿命(单位：小时)都服从同一指数分布，其中，参数 $\lambda=1/600$。试求在仪器使用的最初 200 小时内，至少有一只元件损坏的概率。

4. 将一温度调节器放置在贮存着某种液体的容器内，调节器整定在 d ℃，液体的温度 X(以 ℃ 计) 是一个随机变量，且 $X\sim N(d,0.5^2)$。

(1) 若 $d=90$，求 X 小于 89 的概率；

(2) 若要求保持液体的温度至少为 80 ℃ 的概率不低于 0.99，问 d 至少为多少？

5. 设某城市成年男子的身高 $X\sim N(170,6^2)$(单位：cm)，若车门高为 182 cm，求 100 个成年男子与车门顶碰头的人数不多于 2 的概率。

第三章　随机向量

基本要求

知道二维随机变量及分布函数的概念，了解二维离散性、连续性随机变量的定义，会求一些简单的二维离散性与连续性随机变量的分布与边缘分布、知道随机变量独立性的概念，会判断一些简单随机变量的相互独立性。

学习重点

二维离散型、连续性随机变量的联合分布与边缘分布。

学习难点

连续性随机变量的联合分布与边缘分布。

学习内容

1. 二维随机变量及分布函数的定义；
2. 二维离散性与二维连续性随机变量的定义，分布及其边缘分布；
3. 随机变量的相互独立性。

考核要求

1. 理解二维随机变量的概念，了解多维随机变量的概念；

2. 理解二维随机变量的联合分布函数及其性质，理解二维离散型随机变量的联合分布律及其性质，了解二维连续型随机变量的联合密度及其性质；

3. 理解二维随机变量边缘分布的概念，了解二维离散型随机变量的边缘分布律和二维连续型随机变量的边缘密度函数的计算；

4. 理解随机变量独立性的概念。

习题一　二维随机向量及其分布

1. 若 (X,Y) 的联合分布函数为 $F(x,y)=A(B+\arctan\frac{x}{2})(C+\arctan\frac{y}{3})$，则 $A=$________，$B=$________，$C=$________。

2. 若 (X,Y) 的联合分布律为

Y \ X	1	2	3
1	$\frac{1}{6}$	$\frac{1}{9}$	$\frac{1}{18}$
2	$\frac{1}{3}$	a	b

则 a,b 应满足的条件为________。若 X 和 Y 相互独立，则 $a=$______，$b=$______。

3. 一个袋中有 3 个球，依次标有数字 1、2、2，从中任取一个，不放回袋中，再任取一个，设每次取球时，各球被取到的可能性相等，以 X、Y 分别记第一次和第二次取到的球上标有的数字，求 (X,Y) 的分布律与分布函数。

4. 设二维随机变量 (X,Y) 的概率密度 $f(x,y)=\begin{cases}2e^{-(2x+y)}, & x>0、y>0\\ 0, & 其他\end{cases}$。求：

(1) 分布函数 $F(x,y)$；

(2) 概率 $P\{Y\leqslant X\}$。

习题二 边缘分布、条件分布、独立性

1. 已知下列分布律，求其边缘分布律。

Y \ X	0	1
0	$\frac{16}{49}$	$\frac{12}{49}$
1	$\frac{12}{49}$	$\frac{9}{49}$

2. 设随机变量 X 和 Y 的联合概率密度 $f(x,y)=\begin{cases}6, & x^2\leqslant y\leqslant x\\0, & 其他\end{cases}$，求边缘概率密度。

3. 设随机变量 (X,Y) 的概率密度为 $f(x,y)=\begin{cases}1, & |y|<x,0<x<1\\0, & 其他\end{cases}$，求条件概率密度 $f_{Y|X}(y|x)$，$f_{X|Y}(x|y)$。

4. 在 10 件产品中有 2 件一等品、7 件二等品和 1 件次品，从 10 件产品中不放回地抽取 3 件，用 X 表示其中的一等品数，Y 表示其中的二等品数。求：

(1) (X,Y) 的联合分布律； (2) X,Y 的边缘分布律；

(3) X 和 Y 是否独立； (4) 在 $X=0$ 的条件下，Y 的条件分布律。

习题三　两个随机变量的函数的分布

1. 设随机变量 (X,Y) 的分布律为

X \ Y	-2	-1	0
-1	$\frac{1}{12}$	$\frac{1}{12}$	$\frac{3}{12}$
$\frac{1}{2}$	$\frac{2}{12}$	$\frac{1}{12}$	0
3	$\frac{2}{12}$	0	$\frac{2}{12}$

求:(1) $X+Y$ 的分布律;　(2) $|X-Y|$ 的分布律。

2. 在一简单电路中,两电阻 R_1 和 R_2 串联连接,设 R_1、R_2 相互独立,它们的概率密度均为 $f(x)=\begin{cases}\dfrac{10-x}{50}, & 0\leqslant x\leqslant 10\\ 0, & \text{其他}\end{cases}$,求电阻 $R=R_1+R_2$ 的概率密度。

3. 设随机变量 X 与 Y 相互独立,且均服从区间 $[0,3]$ 上的均匀分布,求 $P\{\max(X,Y)\leqslant 1\}$。

4. 设二维随机变量 (X,Y) 的概率密度为 $f(x,y)=\begin{cases}\dfrac{4}{\pi}e^{-(x^2+y^2)}, & x>0、y>0\\ 0, & \text{其他}\end{cases}$,求随机变量函数 $Z=\sqrt{X^2+Y^2}$ 的概率密度。

自测题

一、填空题

1. 设随机变量 X 和 Y 的联合密度为 $f(x,y)=\begin{cases}3x, 0<x<1, 0<y<x\\0, \quad 其他\end{cases}$，则 $P\{X<\frac{1}{4}, Y<\frac{1}{2}\}=$ ________。

2. 设随机变量 X 和 Y 相互独立，下表列出了二维随机变量 (X,Y) 联合分布律及关于 X 和 Y 的边缘分布律中的部分数值。试将其余数值填入表中的空白处。

X \ Y	y_1	y_2	y_3	$P(X=x_i)=p_i$
x_1		$\frac{1}{8}$		
x_2	$\frac{1}{8}$			
$P(Y=y_j)=p_j$	$\frac{1}{6}$			1

3. 设平面区域 D 由曲线 $y=\frac{1}{x}$ 及直线 $y=0$、$x=1$、$x=e^2$ 所围成，二维随机变量 (X,Y) 在区域 D 上服从均匀分布，求 (X,Y) 关于 X 的边缘概率密度在 $x=2$ 处的值为______。

二、选择题

1. 设两个随机变量 X 与 Y 相互独立且同分布：$P(X=-1)=P(Y=-1)=\frac{1}{2}$，$P(X=1)=P(Y=1)=\frac{1}{2}$，则下列各式中成立的是（　）。

(A) $P(X=Y)=\frac{1}{2}$　　(B) $P(X=Y)=1$

(C) $P(X+Y=0)=\frac{1}{4}$　　(D) $P(XY=1)=\frac{1}{4}$

2. 设随机变量 $X_i\sim\begin{pmatrix}-1 & 0 & 1\\ \frac{1}{4} & \frac{1}{2} & \frac{1}{4}\end{pmatrix}(i=1,2)$，且满足 $P(X_1X_2=0)=1$，则 $P(X_1=X_2)=$（　）。

(A) 0　　(B) $\frac{1}{4}$　　(C) $\frac{1}{2}$　　(D) 1

3. 设 (X,Y) 的联合概率密度是 $f(x,y)=\begin{cases}\frac{1}{\pi}, x^2+y^2\leqslant 1\\0, \quad 其他\end{cases}$，则 X 与 Y 为（　）的随机变量。

(A) 独立同分布　(B) 独立不同分布　(C) 不独立同分布　(D) 不独立也不同分布

三、计算题

1. 设随机变量 X 和 Y 的联合分布是正方形 $G=\{(x,y)\mid 1\leqslant x\leqslant 3,1\leqslant y\leqslant 3\}$ 上的均匀分布，试求随机变量 $U=|X-Y|$ 的概率密度。

2. 设随机变量 (X,Y) 的联合概率密度为 $f(x,y)=\begin{cases}cx\mathrm{e}^{-y}, & 0<x<y<+\infty\\ 0, & 其他\end{cases}$。

(1) 求常数 c；　(2) X 与 Y 是否独立?为什么?

(3) 求 $f_{X|Y}(x|y)$，$f_{Y|X}(y|x)$；　(4) 求 $P\{X<1|Y<2\}$，$P\{X<1|Y=2\}$。

3. 设二维随机变量 (X,Y) 的概率分布为

Y \ X	-1	0	1
-1	a	0	0.2
0	0.1	b	0.2
1	0	0.1	c

其中，a、b、c 为常数，且 $a-c=0.1$，$P(X\leqslant 0|Y\leqslant 0)=0.5$，记 $Z=X+Y$，求：

(1) a,b,c 的值；

(2) Z 的概率分布；

(3) $P\{X=Z\}$。

4. 设随机变量 X、Y 相互独立，其概率密度函数分别为 $f_X(x)=\begin{cases}1, & 0\leqslant x\leqslant 1\\ 0, & 其他\end{cases}$，$f_Y(y)=\begin{cases}\mathrm{e}^{-y}, & y>0\\ 0, & y\leqslant 0\end{cases}$。求随机变量 $Z=2X+Y$ 的概率密度函数。

第四章　随机变量的数字特征

基本要求

数字特征是描述随机变量特征的有效工具，要求理解数学期望与方差的定义，知道其概率意义，掌握其基本性质，能计算一般随机变量的数学期望与方差，并能解决有关的实际问题。

学习重点

数学期望与方差。

学习难点

数学期望与方差。

学习内容

1. 数学期望的定义、性质，概率意义与计算；
2. 方差，标准差的定义、性质、概率意义与计算；
3. 协方差及相关系数。

考核要求

1. 深刻理解离散型、连续型随机变量的数学期望和方差的概念，熟练掌握数学期望和方差的性质和计算；
2. 掌握随机变量函数的数学期望的计算公式；
3. 掌握 0－1 分布、二项分布、泊松分布、均匀分布、指数分布和正态分布的数学期望和方差；
4. 了解矩、协方差、相关系数的概念和性质，会计算协方差和相关系数。

习题一　数学期望

1. 设随机变量 X 的分布律为

$X=x_k$	-1	0	1	2
$P\{X=x_k\}=p_k$	p_1	p_2	p_3	p_4

。若 $Y=g(X)=X^2$，求 $E(Y)$。

2. 设顾客在某银行的窗口等待服务的时间 X（以分钟计）服从指数分布，其概率密度为 $f(x)=\begin{cases}\frac{1}{5}\mathrm{e}^{-x/5}, & x>0\\ 0, & x\leqslant 0\end{cases}$。试求顾客等待服务的平均时间？

3. 某商店对某种家用电器的销售采用先使用后付款的方式，记使用寿命为 X（单位：年），规定：$X\leqslant 1$，一台付款 1 500 元；$1<X\leqslant 2$，一台付款 2 000 元；$2<X\leqslant 3$，一台付款 2 500 元；$X>3$，一台付款 3 000 元。设寿命 X 服从指数分布，概率密度为 $f(x)=\begin{cases}\frac{1}{10}\mathrm{e}^{-x/10}, & x>0\\ 0, & x\leqslant 0\end{cases}$。试求该商店一台家用电器收费 Y 的数学期望。

4. 设 (X,Y) 的分布律为

Y \ X	1	2	3
-1	0.2	0.1	0
0	0.1	0	0.3
1	0.1	0.1	0.1

求：$E(X)$，$E(Y)$，$E(Y\mid X)$，$E[(X-Y)^2]$。

习题二　方差、协方差、相关系数

1. 设 $X \sim \begin{pmatrix} -2 & 0 & 1 & 3 \\ \frac{1}{3} & \frac{1}{2} & \frac{1}{12} & \frac{1}{12} \end{pmatrix}$，求 $D(2X^3+5)$。

2. 设连续型随机变量 X 的概率密度为 $f(x)=\begin{cases} \cos x, & 0 \leqslant x \leqslant \frac{\pi}{2} \\ 0, & \text{其他} \end{cases}$，求随机变量 $Y=X^2$ 的方差 $D(Y)$。

3. 设连续型随机变量 X 的概率密度为 $f(x)=\begin{cases} ax^2+bx+c, & 0<x<1 \\ 0, & \text{其他} \end{cases}$，已知 $E(X)=0.5$，$D(X)=0.15$，求常数 a、b、c。

4. 已知随机变量 X、Y 分别服从 $N(1,3^2)$、$N(0,4^2)$，$\rho_{XY}=-\frac{1}{2}$，设 $Z=\frac{X}{3}+\frac{Y}{2}$。

(1) 求 Z 的数学期望和方差；

(2) 求 X 与 Z 的相关系数；

(3) 问 X 与 Z 是否相互独立?为什么?

自测题

一、填空题

1. 设随机变量 X 取非负整数值 $n \geqslant 0$ 的概率为 $p_n = \dfrac{AB^n}{n!}$，已知 $E(X) = a$，则 A 与 B 的值为________。

2. 已知离散型随机变量 X 服从参数为 λ 的泊松分布，且 $P(X = 1) = P(X = 2)$，则随机变量 X 的数学期望 $E(X) =$________，方差 $D(X) =$________。

3. 设随机变量 X 的概率密度 $f(x) = \dfrac{1}{\pi(1 + x^2)}$，则 $E[\min(|X|, 1)] =$________。

二、选择题

1. 某银行开展定期定额有奖储蓄，定期一年，定额 60 元，按规定 10 000 个户头中，一等奖 1 个，奖金 500 元；二等奖 10 个，各奖 100 元；三等奖 100 个，各奖 10 元；四等奖 1 000 个，各奖 2 元。某人买了 5 个户头，他期望得奖(　)元？

(A) 2.25　　(B) 2　　(C) 2.5　　(D) 2.2

2. 设对于随机变量 X 和 Y，若 $E(XY) = E(X) \cdot E(Y)$，则下列结论中正确的是(　)。

(A) X 与 Y 独立　　(B) $D(X+Y) = D(X) + D(Y)$

(C) X 与 Y 不独立　　(D) $D(XY) = D(X)D(Y)$

3. 设两个相互独立的随机变量 X 和 Y 的方差分别为 4 和 2，则随机变量 $3X - 2Y$ 的方差为(　)。

(A) 8　　(B) 16　　(C) 28　　(D) 44

三、计算题

1. 一机场班车载有 20 位旅客自机场开出，旅客有 10 个车站可以下车。如到达一个车站没有旅客下车就不停车，以 X 表示停车的次数，求 $E(X)$。(设每位旅客在各个车站下车是等可能的，并设各旅客是否下车相互独立)

2. 某公司计划开发一种新产品市场，并试图确定该产品的产量。他们估计出售一件产品可获利 m 元，而积压一件产品将导致 n 元的损失。另外，他们预测销售量 Y(件) 服从指数分布，其概率密度为 $f_Y(y)=\begin{cases}\dfrac{1}{\theta}e^{-y/\theta}, & y>0\\ 0, & y\leqslant 0\end{cases}$，$\theta>0$。问：若要获得利润的数学期望最大，应生产多少件产品(m、n、θ 均为已知)？

3. 设二维连续型随机变量 (X,Y) 的联合密度函数为

$$f(x,y)=\begin{cases}\dfrac{1}{2}\sin(x+y), & 0\leqslant x\leqslant \dfrac{\pi}{2}, 0\leqslant y\leqslant \dfrac{\pi}{2}\\ 0, & \text{其他}\end{cases}$$

且 $Z=\cos(X+Y)$，求 $E(Z)$ 和 $D(Z)$。

4. 设二维连续型随机变量 (X,Y) 的联合密度函数为

$$f(x,y)=\begin{cases}\dfrac{6}{7}\left(x^2+\dfrac{1}{2}xy\right), & 0<x<1, 0<y<2\\ 0, & \text{其他}\end{cases}$$

求 (X,Y) 的相关系数。

第五章　大数定律与中心极限定理

基本要求

理解切比雪夫不等式，知道贝努里大数定律，理解中心极限定理。

学习重点

切比雪夫不等式，中心极限定理。

学习难点

贝努里大数定律，中心极限定理。

学习内容

切比雪夫不等式及其概率意义，大数定律，中心极限定理及应用。

考核要求

1. 掌握切比雪夫不等式；
2. 了解切比雪夫大数定理、伯努利大数定理、辛钦大数定理；
3. 掌握中心极限定理的结论和应用条件。

习题一　大数定律与中心极限定理

1. 设 X 为随机变量且 $EX=\mu$、$DX=\sigma^2$，则由切比雪夫不等式，有 $P\{|X-\mu|\geqslant 3\sigma\}\leqslant$ ________。

2. 设总体 X 服从参数为 2 的指数分布，$X_1,X_2,\cdots,X_n$ 为来自总体 X 的简单随机样本，则当 $n\to\infty$ 时，$Y_n=\frac{1}{n}\sum_{i=1}^{n}X_i^2$ 依概率收敛于________。

3. 一加法器同时收到 20 个噪声电压 $V_k(k=1,2,\cdots,20)$，设它们是相互独立的随机变量，且都在区间(0,10) 上服从均匀分布，记 $V=\sum_{k=1}^{20}V_k$，求 $P\{V>105\}$ 的近似值。

4. 现有一批种子，其中良种占$\frac{1}{6}$，今在其中任选 6 000 粒，试问在这些种子中良种所占的比例与$\frac{1}{6}$之差的绝对值小于$\frac{1}{1\ 000}$的概率是多少？

5. 一生产线生产的产品成箱包装，每箱的重量是随机的，假设每箱平均重 50 kg，标准差为 5 kg。若用最大载重量为 5 t 的汽车承运，试利用中心极限定理说明每辆车最多可以装多少箱，才能保证不超载的概率大于 0.977。

自测题

一、填空题

1. 设随机变量 $X \sim N(\mu,\sigma^2)$，由切比雪夫不等式知，概率 $P(|X-\mu| \geqslant 2\sigma) \leqslant$ ____。

2. 设 $X_1,X_2,\cdots,X_n,\cdots$ 相互独立同分布，且 $E(X_n)=0$，则 $\lim\limits_{n\to\infty}P(\sum\limits_{i=1}^{n}X_i < n) =$ ____。

3. 在天平上重复称量一重为 a 的物品，假设各次称量结果相互独立且服从正态分布 $N(a,0.2^2)$。若以 $\bar{X}_n$ 表示 n 次称量结果的算术平均值，则为使 $P\{|\bar{X}_n - a| < 0.1\} \geqslant 0.95$，$n$ 的最小值应小于自然数________。

二、选择题

1. 设 $X_1,X_2,\cdots,X_n,\cdots$ 是相互独立的随机变量序列，X_n 服从参数为 n 的指数分布 $(n=1,2,\cdots)$，则下列中不服从切比雪夫大数定律的随机变量序列是(　　)。

(A) $X_1,X_2,\cdots,X_n,\cdots$　　(B) $X_1,2^2X_2,\cdots,n^2X_n,\cdots$

(C) $X_1,\dfrac{X_2}{2},\cdots,\dfrac{X_n}{n},\cdots$　　(D) $X_1,2X_2,\cdots,nX_n,\cdots$

2. 设 $X_1,X_2,\cdots,X_n,\cdots$ 是相互独立的随机变量序列，在下面条件下，X_1^2，X_2^2，$\cdots$，X_n^2，$\cdots$满足列维－林德伯格中心极限定理的是(　　)。

(A) $P\{X_i = m\} = p^m q^{1-m},\quad m = 0、1$

(B) $P\{X_i \leqslant x\} = \displaystyle\int_{-\infty}^{x} \frac{1}{\pi(1+t^2)}\mathrm{d}t$

(C) $P\{|X_i| = m\} = \dfrac{c}{m^2},\quad m = 1,2,\cdots$，常数 $c = \left(\sum\limits_{m=1}^{\infty}\dfrac{2}{m^2}\right)^{-1} = \dfrac{3}{\pi^2}$

(D) X_i 服从参数为 i 的指数分布

3. 随机变量序列 $X_1,X_2,\cdots,X_n$ 独立同分布，且均服从参数为 λ 指数分布，则下列式子中正确的是(　　)。其中，$\Phi(x) = \dfrac{1}{\sqrt{2\pi}}\displaystyle\int_{-\infty}^{x}\mathrm{e}^{-t^2/2}\mathrm{d}t$。

(A) $\lim\limits_{n\to\infty}P\left\{\dfrac{\lambda\sum\limits_{i=1}^{n}X_i - n}{\sqrt{n}} \leqslant x\right\} = \Phi(x)$　　(B) $\lim\limits_{n\to\infty}P\left\{\dfrac{\sum\limits_{i=1}^{n}X_i - n}{\sqrt{n}} \leqslant x\right\} = \Phi(x)$

(C) $\lim\limits_{n\to\infty}P\left\{\dfrac{\sum\limits_{i=1}^{n}X_i - \lambda}{\sqrt{n\lambda}} \leqslant x\right\} = \Phi(x)$　　(D) $\lim\limits_{n\to\infty}P\left\{\dfrac{\lambda\sum\limits_{i=1}^{n}X_i - \lambda}{\sqrt{n\lambda}} \leqslant x\right\} = \Phi(x)$

4. 两只一模一样的铁罐里都装有大量的红球和黑球，其中一罐(取名“甲罐”)内的红球数与黑球数之比为 2∶1，另一罐(取名“乙罐”)内的黑球数与红球数之比为 2∶1。今任取一罐并从中取出 50 只球，查得其中有 30 只红球和 20 只黑球，则该罐为“甲罐”的概率是该罐为“乙罐”的概率的(　　)。

(A) 154 倍　　(B) 254 倍　　(C) 798 倍　　(D) 1 024 倍

三、计算题

某保险公司多年的统计资料表明,在索赔中被盗索赔户占 20%。以 X 表示在随机抽查的 100 个索赔户中因被盗向保险公司索赔的户数。

(1) 写出 X 的概率分布;

(2) 利用棣美佛—拉普拉斯定理,求被盗索赔户不少于 14 户且不多于 30 户的概率的近似值。

[附表] $\Phi(x)$ 是标准正态分布函数。

x	0	0.5	1.0	1.5	2.0	2.5	3.0
$\Phi(x)$	0.500	0.692	0.841	0.933	0.977	0.994	0.999

第六章　数理统计的基本概念

基本要求

理解总体与样本的概念，理解统计量的概念，了解样本分布函数的定义，掌握样本分布的数字特征(平均数与方差)的计算方法，了解常用的统计量的分布：χ^2 分布，t 分布与 F 分布等，并能通过查表对其进行计算。

重点与难点

理解总体、样本的概念，求样本分布的数字特征。

学习内容

总体、样本与统计量的概念，样本分布函数的定义，样本分布的数字特征，几种常用的统计量。

考核要求

1. 理解总体、个体和简单随机样本的概念；
2. 理解统计量的概念，掌握样本均值、样本方差和样本矩的计算；
3. 了解 χ^2 分布、t 分布和 F 分布的性质；
4. 理解分位数的概念和性质，熟练掌握利用分布函数表或分位数表查正态分布、χ^2 分布、t 分布和 F 分布的分位数；
5. 掌握正态总体的常用统计量的分布。

习题一 随机样本、抽样分布

1. 设总体 X 服从 $N(\mu,\sigma^2)$，其中 σ^2 未知。设 $X_1,X_2,\cdots,X_n$ 是来自总体 X 的简单随机样本，作样本函数如下，这些样本函数中，是统计量的有哪些？（ ）

(A) $\frac{1}{n}\sum\limits_{i=1}^{n}(X_i-\mu)^2$　　(B) $\sum\limits_{i=1}^{n}(\frac{X_i-\mu}{\sigma})^2$

(C) $\frac{1}{n}\sum\limits_{i=1}^{n}(X_i-\bar{X})^2$　　(D) $\frac{1}{n-1}\sum\limits_{i=1}^{n}(X_i-\bar{X})^2$

(E) $\frac{1}{2(n-1)}\sum\limits_{i=1}^{n}(X_{i+1}-X_i)^2$

2. 设随机变量 X 和 Y 都服从标准正态分布，则（ ）。

(A) $X+Y$ 服从正态分布　　(B) X^2+Y^2 服从 χ^2 分布

(C) X^2 和 Y^2 都服从 χ^2 分布　　(D) $\frac{X^2}{Y^2}$ 服从 F 分布

3. 设随机变量 $X\sim t(n)(n>1)$，$Y=\frac{1}{X^2}$，则（ ）。

(A) $Y\sim x^2(b)$　　(B) $Y\sim x^2(n-1)$

(C) $Y\sim F(n,1)$　　(D) $Y\sim F(1,n)$

4. 设 X 服从 $N(0,1)$，$X_1,X_2,\cdots,X_6$ 为来自总体 X 的简单随机样本，$Y=(X_1+X_2+X_3)^2+(X_4+X_5+X_6)^2$。试决定常数 C，使得 CY 服从 χ^2 分布。

5. 设 $X_1,X_2,\cdots,X_4$ 是来自正态总体 $N(0,2^2)$ 的简单随机样本，$X=a(X_1-2X_2)^2+b(^3X_3-4X_4)^2$，则当 $a=$ ________，$b=$ ________ 时，统计量服从 χ^2 分布，其自由度为 ________。

自测题

一、填空题

1. 设随机变量 X 和 Y 相互独立且都服从正态分布 $N(0,3^2)$，而 $X_1,X_2,\cdots,X_9$ 和 Y_1，$Y_2,\cdots,Y_9$ 分别是来自总体 X 和 Y 的简单随机样本，则统计量 $U=\dfrac{X_1+\cdots+X_9}{\sqrt{Y_1^{\ 2}+\cdots+Y_9^{\ 2}}}$ 服从________分布，参数为________。

2. 设总体 X 服从正态分布 $N(\mu_1,\sigma^2)$，总体 Y 服从正态分布 $N(\mu_2,\sigma^2)$，$X_1,X_2,\cdots,X_{n_1}$ 和 $Y_1,Y_2,\cdots,Y_{n_2}$ 分别是来自总体 X 和 Y 的简单随机样本，则 $E\left[\dfrac{\sum\limits_{i=1}^{n_1}(X_i-\bar{X})^2+\sum\limits_{j=1}^{n_2}(Y_j-\bar{Y})^2}{n_1+n_2-2}\right]=$__________。

二、选择题

1. 设 $X_1,X_2,\cdots,X_n$ 是来自正态总体 $N(\mu,\sigma^2)$ 的简单随机样本，$\bar{X}$ 是样本均值。设 $S_1^2=\dfrac{1}{n-1}\sum\limits_{i=1}^{n}(X_i-\bar{X})^2$、$S_2^2=\dfrac{1}{n}\sum\limits_{i=1}^{n}(X_i-\bar{X})^2$、$S_3^2=\dfrac{1}{n-1}\sum\limits_{i=1}^{n}(X_i-\mu)^2$、$S_4^2=\dfrac{1}{n}\sum\limits_{i=1}^{n}(X_i-\mu)^2$，则服从自由度为 $n-1$ 的 t 分布的随机变量是(　)。

(A) $t=\dfrac{\bar{X}-\mu}{S_1/\sqrt{n-1}}$　　(B) $t=\dfrac{\bar{X}-\mu}{S_2/\sqrt{n-1}}$

(C) $t=\dfrac{\bar{X}-\mu}{S_3/\sqrt{n}}$　　(D) $t=\dfrac{\bar{X}-\mu}{S_4/\sqrt{n}}$

2. 设 $X_1,X_2,\cdots,X_n(n\geqslant 2)$ 为来自正态总体 $N(0,1)$ 的简单随机样本，$\bar{X}$ 为样本均值，S^2 为样本方差，则(　)。

(A) $n\bar{X}\sim N(0,1)$　　(B) $nS^2\sim\chi^2(n)$

(C) $\dfrac{(n-1)\bar{X}}{S}\sim t(n-1)$　　(D) $\dfrac{(n-1)X_1^2}{\sum\limits_{i=2}^{n}X_i^2}\sim F(1,n-1)$

三、计算题

1. 从正态总体 $N(3.4,6^2)$ 中抽取容量为 n 的样本，如果要求其样本均值位于区间 $(1.4,5.4)$ 内的概率不小于 0.95，问样本容量 n 至少应取多大？

[附表]：$\Phi(Z)=\int_{-\infty}^{Z}\dfrac{1}{\sqrt{2\pi}}e^{-\frac{t^2}{2}}dt$

Z	1.28	1.645	1.96	2.33
$\Phi(Z)$	0.900	0.950	0.975	0.990

2. 设总体 X 的概率密度为 $f(x)=\frac{1}{2}e^{-|x|}$，$-\infty<x<+\infty$；$X_1,X_2,\cdots,X_n$ 为总体 X 的简单随机样本，其样本方差为 S^2，求 $E(S^2)$。

3. 设总体 $X\sim N(\mu,\sigma^2)(\sigma>0)$，从该总体中抽取简单随机样本 $X_1,X_2,\cdots,X_{2n}$ $(n\geqslant 2)$，其样本的均值 $\bar{X}=\frac{1}{2n}\sum_{i=1}^{2n}X_i$，求统计量 $Y=\sum_{i=1}^{n}(X_i+X_{n+i}-2\bar{X})^2$ 的数学期望 $E(Y)$。

第七章　参数估计

基本要求

理解矩估计法和极大似然估计法，了解估计量的无偏估计、有效估计和一致估计的概念，理解区间估计的概念，掌握正态总体的均值 $E\xi$ 与方差 σ^2 的置信区间求法。

学习重点

点估计与区间估计。

学习难点

极大似然估计法与区间估计。

学习内容

1. 矩估计法和极大似然估计法；
2. 估计量的好坏：一致估计、无偏估计、有效估计；
3. 区间估计：总体期望值 $E\xi$ 和方差 σ^2 的区间估计。

考核要求

1. 理解点估计的概念；
2. 了解估计量的无偏性、有效性和一致性；
3. 掌握极大似然估计法和矩估计法；
4. 理解区间估计的概念；
5. 掌握求单个正态总体均值和方差的置信区间的方法。

习题一　点估计

1. 设总体 X 的期望、方差分别为 $\mu = E(X)$，$\sigma^2 = D(X)$。$X_1, X_2, \cdots, X_n$ 为来自总体 X 的样本，其样本均值和样本方差分别记为 $\bar{X}$、S^2。求 $E(\bar{X})$，$D(\bar{X})$ 及 $E(S^2)$。

2. 设总体 X 服从几何分布，即有分布律 $P\{X = k\} = p(1-p)^{k-1} \quad (k = 1, 2, \cdots)$，其中，$p(0 < p < 1)$ 未知，$X_1, X_2, \cdots, X_n$ 是来自总体 X 的样本，求 p 的矩估计量。

3. 设总体 X 的概率密度为 $f(x) = \begin{cases} (\theta+1)x^\theta & ,0 < x < 1 \\ 0, & 其他 \end{cases}$，其中，$\theta > -1$ 是未知参数。$X_1, X_2, \cdots, X_n$ 是来自总体 X 的一个容量为 n 的简单随机样本，分别用矩估计法和极大似然估计法求 θ 的估计量。

4. 设总体 X 在 $[0, \theta]$ 上服从均匀分布，参数 $\theta > 0$，$X_1, X_2, \cdots, X_n$ 是来自总体 X 的样本。

(1) 证明：$\hat{\theta}_1 = 2\bar{X}$ 和 $\hat{\theta}_2 = \dfrac{n+1}{n}\max(X_1, X_2, \cdots, X_n)$ 都是 θ 的无偏估计；

(2) 证明：当 $n \geqslant 2$ 时，$\hat{\theta}_2$ 较 $\hat{\theta}_1$ 有效。

习题二　区间估计

1. 包糖机某日开工包了 12 包糖，称得质量（单位：g）分别为 506、500、495、488、504、486、505、513、521、520、512、485。假设重量服从正态分布，且标准差为 $\sigma = 10$，试求糖包的平均质量 μ 的 $1-\alpha$ 置信区间（分别取 $\alpha = 0.10$ 和 $\alpha = 0.05$）。

2. 设某工件的长度 X 服从正态分布 $N(\mu,\sigma^2)$，今随机抽取 9 件测量其长度，得数据如下（单位：mm）：142、138、150、165、156、148、132、135、160。试求参数 μ 的置信水平为 95% 的置信区间。

3. 有一大批糖果，现从中随机地取 16 袋，称得重量（g）如下：

506	508	499	503	504	510	497	512
514	505	493	496	506	502	509	496

设袋装糖果的重量服从正态分布，试求总体标准差 σ 的置信度为 0.95 的置信区间。

自测题

一、填空题

1. 设 $X_1,X_2,\cdots,X_n$ 是取自总体 X 的样本，$E(X)=\mu$，$D(X)=\sigma^2$，$\hat{\sigma}^2=k\sum_{i=1}^{n-1}(X_{i+1}-X_i)^2$，$k=$ ______时，$\hat{\sigma}^2$ 为 σ^2 的无偏估计。

2. 设 $X_1,X_2,\cdots,X_n$ 是取自总体 X 的一个简单随机样本，$X\sim f(x)=\begin{cases}e^{-(x-\theta)}, & x\geqslant\theta\\ 0, & 其他\end{cases}$，则未知参数 θ 的矩估计量为______。

3. 设总体 X 的方差为 1，根据来自 X 的容量为 100 的简单随机样本，测得样本均值为 5，则 X 的数学期望的置信度近似等于 0.95 的置信区间为______。

二、选择题

1. n 个随机变量 $x_1,x_2,\cdots,x_n$ 独立同分布，$D(x_1)=\sigma^2$，$\bar{x}=\frac{1}{n}\sum_{i=1}^{n}x_i$，$S^2=\frac{1}{n-1}\sum_{i=1}^{n}(x_i-\bar{x})^2$，则(　)。

(A) S 是 σ 的无偏估计量　　(B) S 是 σ 的最大似然估计量

(C) S 是 σ 的相合估计量　　(D) S^2 与 $\bar{x}$ 相互独立

2. 设一批零件的长度服从正态分布 $N(\mu,\sigma^2)$，其中，μ、σ^2 均未知。现从中随机抽取 16 个零件，测得样本均值 $\bar{x}=20(\text{cm})$，样本标准差 $s=1(\text{cm})$，则 μ 的置信度为 0.90 的置信区间是(　)。

(A) $[20-\frac{1}{4}t_{0.05}(16),20+\frac{1}{4}t_{0.05}(16)]$　　(B) $[20-\frac{1}{4}t_{0.1}(16),20+\frac{1}{4}t_{0.1}(16)]$

(C) $[20-\frac{1}{4}t_{0.05}(15),20+\frac{1}{4}t_{0.05}(15)]$　　(D) $[20-\frac{1}{4}t_{0.1}(15),20+\frac{1}{4}t_{0.1}(15)]$

三、计算题

1. 设总体 X 的分布函数为 $F(x,\beta)=\begin{cases}1-\frac{\alpha^\beta}{x^\beta}, & x>\alpha\\ 0, & x\leqslant\alpha\end{cases}$，其中，未知参数 $\beta>1$、$\alpha>0$，设 $X_1,X_2,\cdots,X_n$ 为来自总体 X 的样本。

(1) 当 $\alpha=1$ 时，求 β 的矩估计量；

(2) 当 $\alpha=1$ 时，求 β 的极大似然估计量。

2. 设 $X_1, X_2, \cdots, X_n$ 是取自总体 X 的一个样本，$X \sim f(x) = \begin{cases} \dfrac{1}{\theta} e^{-(x-\mu)/\theta}, & x \geqslant \mu \\ 0, & \text{其他} \end{cases}$，$\theta > 0$，$\mu$ 为未知参数，求 θ、μ 的极大似然估计。

3. 设某种砖头的抗压强度 $X \sim N(\mu, \sigma^2)$，今随机抽取 20 块砖头，测得抗压强度数据(单位：$kg \cdot cm^{-2}$)如下：

64	69	49	92	55	97	41	84	88	99
84	66	100	98	72	74	87	84	48	81

求：(1) 求 μ 的置信概率为 0.95 的置信区间；

(2) 求 σ^2 的置信概率为 0.95 的置信区间。

第八章　假设检验

基本要求

理解假设检验的基本思想，掌握假设检验的基本步骤，知道假设检验可能产生的两类错误，掌握单个或者两个正态分布总体的均值与方差的假设检验方法。

教学重点

正态总体的均值及方差的假设检验。

教学难点

假设检验的基本思想。

教学内容

假设检验的定义，假设检验可能出现的两类错误，单个及两个正态总体的假设检验。

考核要求

1. 理解假设检验的基本思想、基本步骤和可能犯的两类错误；
2. 掌握单个正态总体均值与方差的假设检验。

习题一　单个正态总体的假设检验

1. 某车间用一台包装机包装葡萄糖，包得的袋装糖重是一个随机变量，它服从正态分布。当机器正常时，其均值为 0.5 kg，标准差为 0.015 kg。某日开工后为检验包装机是否正常，随机地抽取它所包装的糖 9 袋，称得净重为(kg)：0.497、0.506、0.518、0.524、0.498、0.511、0.520、0.515、0.512，问机器是否正常？($\alpha = 0.05$)

2. 某切割机在正常工作时，切割每段金属棒的平均长度为 10.5 cm，今从一批产品中随机的抽取 15 段进行测量，其结果如下：

10.4　10.6　10.1　10.4　10.5　10.3　10.3　10.2

10.9　10.6　10.8　10.5　10.7　10.2　10.7

假定切割的长度服从正态分布，问该机切割的金属棒的平均长度有无显著变化？($\alpha = 0.05$)

3. 某厂生产的某种型号的电池，其寿命长期以来服从方差 $\sigma^2 = 5\ 000$(小时^2)的正态分布，现有一批这种型号的电池，从其生产情况来看，寿命的波动性有所变化。现随机的取 26 只电池，测出其寿命的样本方差 $s^2 = 9\ 200$(小时^2)。问：根据这一数据能否推断这批电池的寿命的波动性较以往的有显著的变化？($\alpha = 0.02$)

自测题

一、填空题

1. 用机器包装某种饮料，已知每盒重量为 500 g，误差不超过 10 g。今抽查了 9 盒，测得平均重量为 490 g，标准差为 16 g，问这台自动包装工作________(是/否)正常(显著性水平 $\alpha = 0.05$)。

2. 某公司宣称由他们生产的某种型号的电池其平均寿命为 21.5 小时，标准差为 2.9 小时。在实验室测试了该公司生产的 6 只电池，得到其寿命(以小时计)为 19、18、20、22、16、25，这些结果________(是/否)表明这种电池的平均寿命比该公司宣称的平均寿命要短。设电池寿命近似地服从正态分布(取 $\alpha = 0.05$)。

3. 总体 $X \sim N(\mu, \sigma^2)$，有一个容量为 4 的简单随机样本 X_1, X_2, X_3, X_4 。已知 $\sigma^2 = 16$，原假设 $H_0: \mu = 5$；$H_1: \mu \neq 5$，$\alpha = 0.05$，则 $\bar{X}$ 的接受域为________；若 $\mu = 6$，第二类错误 $\beta =$________。

二、选择题

1. 设 $X_1, X_2, \cdots, X_n$ 是来自正态总体 $N(\mu, \sigma^2)$ 的简单随机样本，其中，参数 μ, σ^2 未知。记 $\bar{X} = \frac{1}{n}\sum_{i=1}^{n} X_i$，$Q^2 = \sum_{i=1}^{n}(X_i - \bar{X})^2$，则假设 $H_0: \mu = 0$ 的 t 检验使用统计量 $t =$ (　　)。

(A) $\dfrac{\bar{X}}{Q\sqrt{n-1}}$　　(B) $\dfrac{\bar{X}}{Q\sqrt{n(n-1)}}$

(C) $\bar{Q}\sqrt{n-1}$　　(D) $\dfrac{\bar{X}}{Q}\sqrt{n(n-1)}$

2. 设总体 $X \sim N(\mu, \sigma^2)$，σ^2 未知，$x_1, \cdots, x_n$ 为来自 X 的样本值，现对 μ 进行假设检验。若在显著性水平 $\alpha = 0.05$ 下拒绝了 $H_0: \mu = \mu_0$，则当显著性水平改为 $\alpha = 0.01$ 时，下列结论正确的是(　　)。

(A) 必拒绝 H_0　　(B) 必接受 H_0

(C) 第一类错误的概率变大　　(D) 可能接受，也可能拒绝 H_0

三、计算题

1. 设某次考试的考生成绩服从正态分布，从中随机地抽取 36 位考生的成绩，算得平均成绩为 66.5 分，标准差为 15 分。问：在显著性水平 0.05 下，是否可以认为这次考试全体考生的平均成绩为 70 分？给出检验过程。

[附表]：t 分布表($P\{t(n) \leqslant t_p(n)\} = p$)

$t_p(n)$ \ p	0.95	0.975
$t_p(35)$	1.689 6	2.030 1
$t_p(36)$	1.688 3	2.028 1

2. 设 $X_1, X_2, \cdots, X_n$ 是来自正态总体 $N(\mu, 9)$ 的一个样本，其中，μ 为未知参数。检验 $H_0: \mu = \mu_0 (H_1: \mu \neq \mu_0)$，拒绝域 $W_1 = \{(x_1, \cdots, x_n) \mid |\bar{x} - \mu_0| \geqslant C\}$。

(1) 确定常数 C，使显著水平为 0.05；

(2) 在固定样本容量 $n = 25$ 的情况下，分析犯两类错误的概率 α 和 β 之间的关系。

概率论与数理统计期末模拟试题(一)

一、填空题(每题 3 分,共 24 分)

1. 设随机事件 A 、B 互不相容,且 $P(A)=0.3$,$P(\bar{B})=0.6$,则 $P(B|\bar{A})=$ ______ 。

2. 将 C、C、E、E、I、N、S 等 7 个字母随机的排成一行,那么恰好排成英文单词 SCIENCE 的概率为______________ 。

3. 一射手对同一目标独立地进行四次射击,若至少命中一次的概率为 80/81 ,则该射手的命中率为______________。

4. 甲、乙两人独立的对同一目标射击一次,其命中率分别为 0.6 和 0.5,现已知目标被命中,则它是甲射中的概率为__________。

5. 设随机变量 $\chi^2 \sim \chi^2(n)$,则 $E(\chi^2)=$ ________ ,$D(\chi^2)=$ ________ 。

6. 设 $D(X)=3$,$Y=3X+1$,则 $|\rho_{X,Y}|=$ ______________。

7. 某型号螺丝钉的重量是相互独立同分布的随机变量,其期望值是 1 两,标准差是 0.1 两,则 100 个该型号螺丝钉重量不超过 10.2 斤的概率近似为______(答案用标准正态分布函数表示)。

8. 设 X_1、X_2、X_3、X_4 是来自正态总体 $N(0,2^2)$ 的样本,令 $Y=(X_1+X_2)^2+(X_3-X_4)^2$,则当 $C=$ ________ 时,$CY \sim \chi^2(2)$ 。

二、计算题(每题 10 分,共 50 分)

1. (10 分)已知男人中有 5%是色盲,女人中有 0.25%是色盲。今从男女人数相等的人群中随机地挑选一人,恰好是色盲患者,问此人是男性的概率是多少?

2. (10 分)一篮球运动员的投篮命准率为 45%,以 X 表示他首次投中时累计已投篮的次数,写出 X 的分布律,并计算 X 取偶数的概率。

3. (10 分)某型号电子管寿命(以小时计)近似地服从 $N(160,20^2)$ 分布,随机地选取 4 只,求其中没有一只寿命小于 180 小时的概率(答案用标准正态分布函数表示)。

4. (10 分)设二维随机变量 (X,Y) 的密度函数为

$$f(x,y)=\begin{cases}\dfrac{1}{\pi}, & x^2+y^2\leqslant 1\\ 0, & 其他\end{cases}$$

(1) 求随机变量 X,Y 的边缘密度及 X,Y 的相关系数 $\rho_{X,Y}$;

(2) 判定 X,Y 是否相关是否独立。

5. (10 分) 假定一条生产流水线一天内发生故障的概率为 0.1,流水线发生故障时全天停止工作。若一周 5 个工作日中无故障这条生产线可产生利润 20 万元,一周内如果发生一次故障仍可产生利润 6 万元,发生两次或两次以上故障就要亏损两万元,求一周内这条流水线产生利润的数学期望。

三、(10 分)设 $X_1,X_2,\cdots,X_n$ 是取自双参数指数分布总体的一组样本,密度函数为

$$f(x;\theta,\mu)=\begin{cases}\dfrac{1}{\theta}e^{-\frac{x-\mu}{\theta}}, & x>\mu\\ 0, & 其他\end{cases}$$

其中,μ、$\theta>0$ 是未知参数,x_1、x_2、$\cdots$、x_n 是一组样本值,求:

(1) μ,θ 的矩法估计;

(2) μ,θ 的极大似然估计。

四、(8 分)设随机变量 X 与 Y 相互独立,且都服从参数为 $\lambda>0$ 的泊松(Poisson)分布,证明:$X+Y$ 仍服从泊松分布,参数为 2λ。

五、(8 分)设 $X_1,X_2,\cdots,X_{n_1}$ 是来自总体 $X\sim N(\mu_1,\sigma_1{}^2)$ 的一组样本,$Y_1,Y_2,\cdots,Y_n$ 是来自总体 $Y\sim N(\mu_2,\sigma_2{}^2)$ 的一组样本,两组样本独立,其样本方差分别为 S_1^2、S_2^2,且设 μ_1、μ_2、σ_1^2、σ_2^2 均为未知。欲检验假设 $H_0:\sigma_1^2=\sigma_2^2$,$H_1:\sigma_1^2>\sigma_2^2$,显著性水平 α 事先给定。试构造适当检验统计量并给出拒绝域(临界点由分位点给出)。

概率论与数理统计期末模拟试题(二)

一、填空题(每题 3 分,共 24 分)

1. 设 A、B 为随机事件,$P(A)=0.5$,$P(B)=0.6$,$P(B|A)=0.8$,则 $P(B\cup A)=$ ______。

2. 三人独立地破译一个密码,他们能译出密码的概率分别为 $\frac{1}{5}$、$\frac{1}{4}$、$\frac{1}{3}$,此密码能被译出的概率为__________。

3. 设随机变量 $X\sim \mathrm{N}(\mu,\sigma^2)$,$Y=\mathrm{e}^X$,则 Y 的分布密度函数为______________。

4. 设随机变量 $X\sim \mathrm{N}(\mu,\sigma^2)$,且二次方程 $y^2+4y+X=0$ 无实根的概率等于 0.5,则 $\mu=$ __________。

5. 设 $D(X)=16$,$D(Y)=25$,$\rho_{XY}=0.3$,则 $D(X+Y)=$ ____________。

6. 掷硬币 n 次,正面出现次数的数学期望为____________。

7. 某型号螺丝钉的重量是相互独立同分布的随机变量,其期望是 1 两,标准差是 0.1 两,则 100 个该型号螺丝钉重量不超过 10.2 斤的概率近似为____(答案用标准正态分布函数表示)。

8. 设 $X_1,X_2,\cdots,X_5$ 是来自总体 $X\sim N(0,1)$ 的简单随机样本,统计量 $\dfrac{C(X_1+X_2)}{\sqrt{X_3^2+X_4^2+X_5^2}}\sim t(n)$,则常数 $C=$ ____,自由度 $n=$ _______。

二、计算题(每题 10 分,共 50 分)

1. (10 分)设袋中有 m 只正品硬币,n 只次品硬币(次品硬币的两面均有国徽),从袋中任取一只硬币,将它投掷 r 次,已知每次都得到国徽。问:这只硬币是正品的概率是多少?

2. (10 分)设顾客在某银行窗口等待服务的时间(以分钟计)X 服从指数分布,其概率密度函数为 $f(x)=\begin{cases}(\frac{1}{5})\mathrm{e}^{-\frac{x}{5}}, & x>0\\ 0, & \text{其他}\end{cases}$。某顾客在窗口等待服务,若超过 10 分钟,他就离开,他一个月到银行 5 次,以 Y 表示一个月内他未等到服务而离开窗口的次数,写出 Y 的分布律,并求 $P\{Y\geqslant 1\}$。

3. (10 分)设二维随机变量 (X,Y) 在边长为 a 的正方形内服从均匀分布,该正方形的对角线为坐标轴,求:

(1) 求随机变量 X , Y 的边缘概率密度;

(2) 求条件概率密度 $f_{X|Y}(x \mid y)$ 。

4. (10 分)某型号电子管寿命(以小时计)近似地服从 $N(160,20^2)$ 分布,随机地选取 4 只,求其中没有一只寿命小于 180 小时的概率(答案用标准正态分布函数表示)。

5. (10 分)某车间生产的圆盘其直径在区间 (a,b) 服从均匀分布,试求圆盘面积的数学期望。

三、(10 分)设 $X_1,X_2,\cdots,X_n$ 是取自双参数指数分布总体的一组样本,密度函数为 $f(x;\theta,\mu)=\begin{cases}\frac{1}{\theta}e^{-\frac{x-\mu}{\theta}}, & x>\mu\\ 0, & 其他\end{cases}$。其中,$\mu$、$\theta>0$ 是未知参数,x_1、x_2、$\cdots$、x_n 是一组样本值,求:(1) μ,θ 的矩法估计;(2) μ,θ 的极大似然估计。

四、(8 分)假设 $\hat{\theta}$ 是 θ 的无偏估计,且有 $D(\hat{\theta})>0$。试证:$\hat{\theta^2}=(\hat{\theta})^2$ 不是 θ^2 的无偏估计。

五、(8 分)设 $X_1,X_2,\cdots,X_{n_1}$ 是来自总体 $X\sim N(\mu_1,\sigma_1^2)$ 的一组样本,$Y_1,Y_2,\cdots,Y_{n_2}$ 是来自总体 $Y\sim N(\mu_2,\sigma_2^2)$ 的一组样本,两组样本独立,其样本方差分别为 S_1^2、S_2^2,且设 μ_1、μ_2、σ_1^2、σ_2^2 均为未知。欲检验假设 $H_0:\sigma_1^2=\sigma_2^2$,$H_1:\sigma_1^2<\sigma_2^2$,显著性水平 α 事先给定。试构造适当检验统计量并给出拒绝域(临界点由分位点给出)。

概率论与数理统计期末模拟试题(三)

一、填空题(每题 3 分,共 30 分)

1. 已知 $P(A)=0.5$, $P(B)=0.6$, $P(B|A)=0.8$,则 $P(B-A)=$ ________。

2. 设 N 件产品中有 D 件是不合格品,从这 N 件产品中任取两件产品,则两件都是不合格品的概率为______ ,两件中有 1 件合格品、1 件不合格品的概率为________ 。

3. 掷骰子 n 次,则出现点数之和的期望值为________ 。

4. 设 $X_1,X_2,\cdots,X_n$ 是来自正态总体 $N(\mu,\sigma^2)$ 的简单随机样本。记 $\bar{X}=\frac{1}{n}\sum_{k=1}^{n}X_k$, $S^2=\frac{1}{n-1}\sum_{k=1}^{n}(X_k-\bar{X})^2$,则 $(\bar{X}-\mu)/(\frac{S}{\sqrt{n}})$ 服从__________分布。

5. 设随机变量 X 、Y 相互独立,X 服从 $[0,6]$ 区间上的均匀分布,Y 服从二项分布 $b(10,0.5)$ 。令 $Z=X-2Y$,则 $E(Z)=$__________, $D(Z)=$__________。

6. 设随机变量 X 的密度函数为 $f(x)=\begin{cases}3x^2, & 0<x<1\\ 0, & \text{其他}\end{cases}$,设 Y 表示对 X 的 10 次独立观察中事件 $\left\{X\leqslant\frac{1}{2}\right\}$ 出现的次数,则 $P(Y=2)=$__________。

7. 如果随机变量 X 和 Y 满足 $E(XY)=E(X)E(Y)$,则 $D(X+Y)-D(X-Y)=$__________。

8. 设随机变量 X 与 Y 同分布,X 的密度函数为 $f(x)=\begin{cases}\frac{3}{8}x^2, & 0<x<2\\ 0, & \text{其他}\end{cases}$,设两个事件 $A=\{X>a\}$ 与 $B=\{Y>a\}$ 相互独立,$P(A\cup B)=\frac{3}{4}$,则 $a=$__________ 。

二、(15 分)有两箱同类零件,第一箱有 50 个,其中 10 个一等品;第二箱有 30 个,其中 18 个一等品。现任取一箱,从中任取零件两次,每次取一个,取后不放回。求:

(1) 第二次取到的零件是一等品的概率;

(2) 在第一次取到一等品的条件下,第二次取到一等品的条件概率;

(3) 两次取到的都不是一等品的概率。

三、(15 分)设随机变量 X 的密度函数为 $f(x)=\begin{cases}Ax(1-x), & 0<x<1\\ 0, & \text{其他}\end{cases}$。求：

(1) 常数 A；

(2) X 的分布函数；

(3) X 的数学期望 EX 和方差 DX。

四、(20 分)设二维随机变量 (X,Y) 的联合密度函数为 $f(x,y)=\begin{cases}12y^2, & 0\leqslant y\leqslant x\leqslant 1\\ 0, & \text{其他}\end{cases}$。求：

(1) 随机变量 X 的密度函数 $f_X(x)$；

(2) 随机变量 Y 的密度函数 $f_Y(y)$；

(3) 随机变量 $Z=X+Y$ 的密度函数 $f_Z(z)$；

(4) XY 的数学期望 $E(XY)$。

五、(20 分)设总体 X 服从正态分布 $N(\mu,2^2)$，其中，μ 是未知参数。设 $(X_1,X_2,\cdots,X_n)$ 是 X 的简单随机样本。

(1) 求 μ 的矩估计量 $\bar{\mu}$；

(2) 求 μ 的极大似然估计量 $\bar{\mu}$；

(3) 设随机变量 Y 表示 X_1、X_2、…、X_n 中取值不超过 0 的分量的个数，求 Y 的概率分布；

(4) 对于原假设 $H_0(\mu=3)$ 和备选假设 $H_1(\mu\neq 3)$，写出检验统计量。

概率论与数理统计期末模拟试题(四)

一、填空题(每题 3 分,共 30 分)

1. 设 A、B 为两事件,且 $P(B)=0.3$,$P(A\cup B)=0.6$,则 $P(A\bar{B})=$ ________ 。

2. 甲、乙两人独立的对一目标各射击一次,设甲射中目标的概率为 0.5,乙射中目标的概率为 0.6,则目标被击中的概率为 ________ 。

3. 设离散型随机变量 X 的分布律为 $P(X=0)=\dfrac{1}{3}$,$P(X=1)=\dfrac{2}{3}$,则 X 的分布函数为 ________ 。

4. 二维随机变量 (X,Y) 的分布函数为 $F(x,y)$,对任意固定的 x,$F(x,-\infty)=$ ________。

5. 设随机变量 X 的分布律为:$P(X=-1)=\dfrac{1}{4}$,$P(X=2)=\dfrac{1}{2}$,$P(X=3)=\dfrac{1}{4}$,则 $P\{1.5<X\leqslant 3\}=$ ________ 。

6. 设随机变量 X 在区间 $[-1,2]$ 上服从均匀分布,则 X 的概率密度 $f(x)=$ ______。

7. 设随机变量 X 有概率密度 $f(x)=\begin{cases}Ke^{-3x}, & x>0\\ 0, & x\leqslant 0\end{cases}$,则 $K=$ ________。

8. 设随机变量 X 具有数学期望 $E(X)=\mu$,方差 $D(X)=\sigma^2$,不等式 $P(|X-\mu|\geqslant 3\sigma)\leqslant$ ________。

9. 设 $\bar{X}$ 是正态总体 $X\sim N(20,3^2)$ 的容量为10的简单随机样本均值,则 $\bar{X}\sim N($____,____$)$。

10. 设由来自正态总体 $X\sim N(\mu,0.9^2)$ 的简单随机样本,样本均值 $\bar{X}=5$,则未知参数 μ 的置信度为 0.95 的置信区间是________。

二、单选题(每题 3 分,共 15 分)

1. 设 X 的分布律为 $P(X=k)=\dfrac{a}{N}$,其中 $k=1,2,\cdots,N$,则常数 a 为(　)。

(A) N　(B) e^{-k}　(C) 1　(D) $-N$

2. 设 X 与 Y 相互独立,且 $D(X)=4$,$D(Y)=2$,则 $D(3X-2Y)=$(　)。

(A) 6　(B) 35　(C) 28　(D) 44

3. 掷 2 颗骰子,记点数之和为 3 的事件的概率为 p,则 $p=$(　)。

(A) $\dfrac{1}{2}$　(B) $\dfrac{1}{4}$　(C) $\dfrac{1}{18}$　(D) $\dfrac{1}{36}$

4. 设总体 $X\sim N(\mu,\sigma^2)$,其中,μ 已知,σ^2 未知,设 $X_1,X_2,\cdots,X_n$ 是来自总体的一个样本,$\bar{X}$ 为样本均值,下面(　)不是统计量。

(A) $\sum_{i=1}^{n} X_i^2$　(B) $\sum_{i=1}^{n} (X_i-\mu)^2$　(C) $\sum_{i=1}^{n} X_i^2/\sigma^2$　(D) $\sum_{i=1}^{n} (X_i-\bar{X})^2$

5. 设连续型随机变量 X 的分布函数为 $F(x)=\begin{cases}0, & x<0\\ x^3, & 0<x\leqslant 1\\ 1, & x>1\end{cases}$，则 $E(x)=$(　)。

(A) $\int_0^{+\infty} x^4\,\mathrm{d}x$　(B) $\int_0^1 3x^3\,\mathrm{d}x$　(C) $\int_0^1 x^4\,\mathrm{d}x+\int_1^{+\infty} x\,\mathrm{d}x$　(D) $\int_0^{+\infty} 3x^3\,\mathrm{d}x$

三、解答题(每题 6 分,共 48 分)

1. (6 分)玻璃杯成箱出售,每箱 20 只,假设各箱含 0,1,2 只残次品的概率相应为 0.8、0.1 和 0.1。一顾客欲买一箱玻璃杯,在购买时,顾客随机的查看 4 只,若无次品,则买下该箱玻璃杯,否则退回。

(1) 利用全概率公式求顾客买下该箱玻璃杯的概率。

(2) 在顾客买下的一箱玻璃杯中,确实没有残次品的概率。

2. (6 分) 已知随机变量的概率密度为 $f(x)=\begin{cases}\dfrac{a}{\sqrt{1-x^2}}, & |x|<1\\ 0, & |x|\geqslant 1\end{cases}$，求:(1) 常数 a;(2) $P(-0.5<X<0.5)$。

3. (6 分)一口袋中有 4 个球,它们依次标有数字 1,2,3,3,从这袋中任取 1 球后,不放回袋中,再从袋中任取一球,以 X、Y 分别记第一、二次取得的球上标有的数字。

(1) 求二维随机变量 (X,Y) 的分布律;

(2) X,Y 的边缘分布律;

(3) 判断 X 与 Y 是否独立?

4. (6 分)据以往经验,某种电子元件的寿命服从均值为 100 个小时的指数分布,现随机的取 16 只,设它们的寿命相互独立,利用中心极限定理求这 16 只元件的寿命总和大于 1 920小时的概率。($\Phi(0.8) \approx 0.7881$)

5. (6 分)某种电子元件的寿命 X (以小时记)的概率密度为 $f(x)=\begin{cases}\dfrac{100}{x^2}, & x>100 \\ 0, & x \leqslant 100\end{cases}$,问 150 小时内 4 只电子元件恰有 3 只损坏的概率。

6. (6 分) 设总体 X 的概率密度为 $f(x)=\begin{cases}(\theta+1)x^{\theta}, & 0<x<1 \\ 0, & \text{其他}\end{cases}$,其中,$\theta>-1$ 是未知参数;$X_1, X_2, \cdots, X_n$ 是来自总体 X 的一个容量为 n 的简单随机样本,求 θ 的矩估计量。

7. (6 分)根据以往经验,某工厂装配一只某种部件的时间(以分钟计)服从正态分布,均值为 10,标准差为 0.5,现随机的选定 10 只部件,测得其装配时间为:9.8、10.4、10.6、9.6、9.7、9.9、10.9、11.1、9.5、10.1,取显著性水平 $\alpha = 0.05$,问:是否可以认为现在装配时间的均值没有改变?($z_{0.05} = 1.64$,$z_{0.025} = 1.96$)。

8. (6 分) 设某厂的某种生产设备的寿命(单位:年)X 服从指数分布,其概率密度为 $f(x) = \begin{cases} \frac{1}{4}e^{-\frac{1}{4}x}, & x > 0 \\ 0, & x < 0, \end{cases}$,工厂规定:若售出的设备在一年内损坏,已知工厂售出一台设备获利 100 元,调换一台设备则可予以调换,厂方需花费 300 元,求厂方售出一台设备净获利的数学期望。

四、证明题(7 分)

设 X_1、X_2、X_3 是来自总体 $X \sim N(\mu,\sigma^2)$ 的简单随机样本,试证下列3个估计量都是 μ 的无偏估计量:$\hat{\mu_1} = \frac{1}{5}X_1 + \frac{2}{5}X_2 + \frac{2}{5}X_3$,$\hat{\mu_2} = \frac{1}{3}X_1 + \frac{1}{3}X_2 + \frac{1}{3}X_3$,$\hat{\mu_3} = \frac{1}{7}X_1 + \frac{2}{7}X_2 + \frac{4}{7}X_3$,并指出哪一个估计量更有效。

概率论与数理统计期末模拟试题(五)

一、填空题(每题 4 分,共 20 分)

1. 从 5 双不同的鞋子中任取 4 只,这 4 只鞋子中至少有两只配成一双的概率为____。

2. 三人独立地向同一目标各射击一次,若三人的命中率分别为 0.7、0.6 和 0.4,则恰有一人命中目标的概率为________。

3. 设随机变量 ξ 服从泊松分布,且 $P(\xi=1)=P(\xi=2)$,则 $P(\xi=4)=$________。

4. 设随机变量 X 与 Y 相互独立,则 $D(X+Y)-D(X-Y)=$________。

5. 100 个随机变量 $\xi_1,\xi_2,\cdots,\xi_{100}$ 独立同分布,分布密度为 $f(x)=\begin{cases} e^{-x}, & x>0 \\ 0, & x\leqslant 0 \end{cases}$,$P(\xi_1+\xi_2+\cdots+\xi_n<102)\approx$________(答案用标准正态分布的分布函数给出)。

二、(10 分)设有 10 件产品,其中有 2 件次品,今从中连取 3 次,每次任取一件不放回,以 X 表示所取得的次品数,试求:(1) X 的分布列;(2) $Y=2X^2+1$ 的分布列。

三、(10 分)设随机变量 ξ 服从 $[0,5]$ 上的均匀分布,求方程 $4x^2+4\xi x+\xi+2=0$ 有实根的概率。

四、(12 分)一种电子管的使用寿命 X(单位:小时)的概率密度函数为 $f(x)=\begin{cases} \dfrac{1\,000}{x^2}, & x\geqslant 1\,000 \\ 0, & x<1\,000 \end{cases}$。设某种仪器中装有 5 个这种工作相互独立的电子管,求:

(1) 使用最初 1 500 小时没有一个电子管损坏的概率;

(2) 这段时间内至少有两个电子管损坏的概率。

五、(15 分)设二维随机变量 (X,Y) 服从平面区域 $D=\{(x,y)\mid 0\leqslant x\leqslant 1,|y|\leqslant x\}$ 上的均匀分布。

(1) 求随机变量 X 的概率密度函数;

(2) 求条件概率密度函数 $f_{Y|X}(y|x)$;

(3) 求随机变量 $Z=X+Y$ 的概率密度函数。

六、(15 分)设母体 X 的概率密度为 $f(x,\lambda)=\begin{cases}\lambda e^{-\lambda x}, & x\geqslant 0\\ 0, & x<0\end{cases}$。其中,$\lambda>0$ 是未知参数,其子样为 $X=(X_1,X_2,\cdots,X_n)$,求:

(1) λ 的矩法估计;

(2) λ 的极大似然估计;

(3) 验证子样均值 $\bar{X}$ 是 $1/\lambda$ 的无偏估计。

七、(10 分)设母体 $X\sim N(\mu,\sigma^2)$ 分布,$X=(X_1,X_2,\cdots,X_n)$ 为一组子样。欲检验假设 $H_0:\sigma^2=4,H_1:\sigma^2\neq 4$,显著性水平 α 事先给定,$\mu\in(-\infty,+\infty)$,$\sigma^2>0$ 均未知。试构造适当检验统计量并给出拒绝域。

八、(8 分)已知一只母鸡生 k 个蛋的概率为 $\frac{\lambda^k}{k!}e^{-\lambda}(\lambda>0)$,$k=0,1,\cdots$,而每一个鸡蛋能孵化成小鸡的概率为 p,证明:一只母鸡恰有 r 个下一代(即小鸡)的概率为 $\frac{(\lambda p)^r}{r!}e^{-\lambda p}$。

历年考研真题

第一章：

1. (3 分)在电炉上安装了 4 个温控器，其显示温度的误差是随机的。在使用过程中，只要有两个温控器显示的温度不低于临界温度 t_0，电炉就断电。以 E 表示事件“电炉断电”，而 $T_{(1)} \leqslant T_{(2)} \leqslant T_{(3)} \leqslant T_{(4)}$ 为 4 个温控器显示的按递增顺序排列的温度值，则事件 E 等于(　　)

(A) $\{T_{(1)} \geqslant t_0\}$　　(B) $\{T_{(2)} \geqslant t_0\}$　　(C) $\{T_{(3)} \geqslant t_0\}$　　(D) $\{T_{(4)} \geqslant t_0\}$

2. (3 分)设 A、B、C 三个事件两两独立，则 A、B、C 相互独立的充分必要条件是(　　)

(A) A 与 BC 独立　　(B) AB 与 $A \cup C$ 独立

(C) AB 与 AC 独立　　(D) $A \cup B$ 与 $A \cup C$ 独立

3. (3 分)对于任意二事件 A 和 B，与 $A \cup B = B$ 不等价的是(　　)

(A) $A \subset B$　　(B) $\bar{B} \subset \overline{A}.$

(C) $A\bar{B} = \phi$　　(D) $\bar{A}B = \phi$

4. (8 分)设 A、B 是任意二事件，其中，$0 < P(A) < 1$。证明：$P(B|A) = P(B|\bar{A})$ 是 A 与 B 独立的充分必要条件。

5. (4 分)对于任意二事件 A 与 B，有(　　)。

(A) 若 $AB \neq \phi$，则 A、B 一定独立　　(B) 若 $AB \neq \phi$，则 A、B 有可能独立

(C) 若 $AB = \phi$，则 A、B 一定独立　　(D) 若 $AB = \phi$，则 A、B 一定不独立

6. (4 分)将一枚硬币独立地掷两次，引进事件：$A_1 = \{$掷第一次出现正面$\}$、$A_2 = \{$掷第二次出现正面$\}$、$A_3 = \{$正、反面各出现一次$\}$、$A_4 = \{$正面出现两次$\}$，则事件(　　)。

(A) A_1, A_2, A_3 相互独立　　(B) A_2, A_3, A_4 相互独立

(C) A_1, A_2, A_3 两两独立　　(D) A_2, A_3, A_4 两两独立

7. (4 分)设 A，B 为随机事件，且 $P(B) > 0$，$P(A \mid B) = 1$，则必有(　　)。

(A) $P(A \cup B) > P(A)$　　(B) $P(A \cup B) > P(B)$

(C) $P(A \cup B) = P(A)$　　(D) $P(A \cup B) = P(B)$

第二章：

1. (3 分)设随机变量 X 的概率密度为 $f(x) = \begin{cases} \dfrac{1}{3}, 若\ x \in [0,1] \\ \dfrac{2}{9}, 若\ x \in [3,6] \\ 0, 其他 \end{cases}$。若 k 使得 $P\{X \geqslant k\} = \dfrac{2}{3}$，则 k 的取值范围是________。

2. (3 分)设随机变量 X 服从正态分布 $N(\mu,\sigma^2)(\sigma>0)$，且二次方程 $y^2+4y+X=0$ 无实根的概率为 $\frac{1}{2}$，则 $\mu=$ ________。

3. (13 分)设随机变量 X 的概率密度为 $f(x)=\begin{cases}\frac{1}{3\sqrt[3]{x^2}}, & x\in[1,8]\\ 0, & 其他\end{cases}$，$F(x)$ 是 X 的分布函数,求随机变量 $Y=F(X)$ 的分布函数。

4. (4 分)设随机变量 X 服从正态分布 $N(0,1)$，对给定的 $\alpha(0<\alpha<1)$，u_α 满足 $P\{X>u_\alpha\}=\alpha$，若 $P\{|X|<x\}=\alpha$，则 x 等于(　　)。

(A) $u_{\frac{\alpha}{2}}$　　(B) $u_{1-\frac{\alpha}{2}}$　　(C) $u_{\frac{1-\alpha}{2}}$　　(D) $u_{1-\alpha}$

5. (4 分)设随机变量 X 服从正态分布 $N(\mu_1,\sigma_1^2)$，Y 服从正态分布 $N(\mu_2,\sigma_2^2)$，且 $P\{|X-\mu_1|<1\}>P\{|Y-\mu_2|<1\}$，则(　　)。

(A) $\sigma_1<\sigma_2$　　(B) $\sigma_1>\sigma_2$　　(C) $\mu_1<\mu_2$　　(D) $\mu_1>\mu_2$

第三章：

1. (8 分)设随机变量 X 和 Y 的联合分布是正方形 $G=\{(x,y):1\leqslant x\leqslant 3,2\leqslant y\leqslant 3\}$ 上的均匀分布。试求随机变量 $U=|X-Y|$ 的概率密度 $f(u)$。

2. (4 分)设二维随机变量 (X,Y) 的概率密度为 $f(x,y)=\begin{cases}6x, & 0\leqslant x\leqslant y\leqslant 1\\ 0, & 其他\end{cases}$，则 $P\{X+Y\leqslant 1\}=$ ______。

3. (13 分)设随机变量 X 和 Y 独立,其中 X 的概率分布为 $X\sim\begin{pmatrix}1 & 2\\ 0.3 & 0.7\end{pmatrix}$，而 Y 的概率密度为 $f(y)$，求随机变量 $U=X+Y$ 的概率密度 $g(u)$。

4. (4 分)从数 1、2、3、4 中任取一个数,记为 X，再从 $1,\cdots,X$ 中任取一个数,记为 Y，则 $P(Y=2)=$ ________。

5. (4 分)设二维随机变量 (X,Y) 的概率分布为

X \ Y	0	1
0	0.4	a
1	b	0.1

已知随机事件 $\{X=0\}$ 与 $\{X+Y=1\}$ 互相独立,则(　　)

(A) $a=0.2,b=0.3$　　(B) $a=0.4,b=0.1$

(C) $a=0.3,b=0.2$　　(D) $a=0.1,b=0.4$

6. (13 分)设二维随机变量 (X,Y) 的概率密度为 $f(x,y)=\begin{cases}1, & 0<x<1,0<y<2x\\ 0, & 其他\end{cases}$。求：

(1) (X,Y) 的边缘概率密度 $f_X(x),f_Y(y)$；

(2) $Z=2X-Y$ 的概率密度 $f_Z(z)$；

(3) $P\left\{Y\leqslant\frac{1}{2}\middle|X\leqslant\frac{1}{2}\right\}$。

7. (13 分)设随机变量 X 在区间 $(0,1)$ 上服从均匀分布,在 $X=x(0<x<1)$ 的条件下,随机变量 Y 在区间 $(0,x)$ 上服从均匀分布,求:

(1) 随机变量 X 和 Y 的联合概率密度;

(2) Y 的概率密度;

(3) 概率 $P\{X+Y>1\}$。

8. (4 分)设随机变量 X 与 Y 相互独立,且均服从区间$[0,3]$上的均匀分布,则 $P\{\max\{X,Y\}\leqslant 1\}=$________。

9. (9 分)随机变量 X 的概率密度为 $f_x(x)=\begin{cases}\frac{1}{2},-1<x<0\\ \frac{1}{4},0\leqslant x<2\\ 0,\text{其他}\end{cases}$,令 $y=x^2$,$F(x,y)$为二维随机变量(X,Y)的分布函数,求:

(1) 求 Y 的概率密度 $f_Y(y)$;

(2) $F\left(-\frac{1}{2},4\right)$。

第四章:

1. (3 分)设二维随机变量 (X,Y) 服从二维正态分布,则随机变量 $\xi=X+Y$ 与 $\eta=X-Y$ 不相关的充分必要条件为(　)

(A) $E(X)=E(Y)$　　(B) $E(X^2)-[E(X)]^2=E(Y^2)-[E(Y)]^2$

(C) $E(X^2)=E(Y^2)$　　(D) $E(X^2)+[E(X)]^2=E(Y^2)+[E(Y)]^2$

2. (8 分)某流水生产线上每个产品不合格的概率为 $p(0<p<1)$,各产品合格与否相互独立,当出现一个不合格产品时即停机检修。设开机后第一次停机时已生产了的产品个数为 X,求 $E(X)$ 和 $D(X)$。

3. (3 分)设随机变量 X 在区间$[-1,2]$上服从均匀分布,随机变量

$$Y=\begin{cases}1, & \text{若 } X>0\\ 0, & \text{若 } X=0\\ -1, & \text{若 } X<0\end{cases}$$

则方差 $D(Y)=$________。

4. (8 分)设 A,B 是二随机事件,随机变量

$$X=\begin{cases}1, & \text{若 } A \text{ 出现}\\ -1, & \text{若 } A \text{ 不出现}\end{cases};Y=\begin{cases}1, & \text{若 } B \text{ 出现}\\ -1, & \text{若 } B \text{ 不出现}\end{cases}$$

试证明:随机变量 X 和 Y 不相关的充分必要条件是 A 与 B 相互独立。

5. (8 分)设二维随机变量 (X,Y) 的密度函数为 $f(x,y)=\frac{1}{2}[\varphi_1(x,y)+\varphi_2(x,y)]$,其中,$\varphi_1(x,y)$ 和 $\varphi_2(x,y)$ 都是二维正态密度函数,且它们对应的二维随机变量的相关系数分别为 $\frac{1}{3}$ 和 $-\frac{1}{3}$,它们的边缘密度函数所对应的随机变量的数学期望都是 0,方差都是 1。

(1) 求随机变量 X 和 Y 的密度函数 $f_1(x)$ 和 $f_2(y)$，及 X 和 Y 的相关系数 ρ（可以直接利用二维正态的性质）。

(2) 问 X 和 Y 是否独立？为什么？

6. (3 分)将一枚硬币重复掷 n 次，以 X 和 Y 分别表示正面向上和反面向上的次数，则 X 和 Y 的相关系数等于(　)

(A) -1　　(B) 0　　(C) $\frac{1}{2}$　　(D) 1

7. (3 分)设随机变量 X 和 Y 的联合分布在以点(0,1)，(1,0)，(1,1)为顶点的三角形区域上服从均匀分布，试求随机变量 $U = X + Y$ 的方差。

8. (7 分)设随机变量 X 的概率密度为 $f(x) = \begin{cases} \frac{1}{2}\cos\frac{x}{2}, & 0 \leqslant x \leqslant \pi \\ 0 & \text{其他} \end{cases}$。对 X 独立地重复观察 4 次，用 Y 表示观察值大于 $\frac{\pi}{3}$ 的次数，求 Y^2 的数学期望。

9. (3 分)随机变量 X 和 Y 的联合概率分布为

X \ Y	-1	0	1
0	0.07	0.18	0.15
1	0.08	0.32	0.20

则 X^2 和 Y^2 的协方差 $\text{cov}(X^2, Y^2) =$ ________。

10. (3 分)设随机变量 X 和 Y 的联合概率分布如上表所示，X 和 Y 的关系数 $\rho =$ ______。

11. (8 分)假设随机变量 U 在区间$[-2,2]$上服从均匀分布，随机变量

$$X = \begin{cases} -1, & \text{若 } U \leqslant -1 \\ 1, & \text{若 } U > -1 \end{cases}; Y = \begin{cases} -1, & \text{若 } U \leqslant 1 \\ 1, & \text{若 } U > 1 \end{cases}$$

试求：(1) X 和 Y 的联合概率分布；

(2) $D(X+Y)$。

12. (8 分)设一设备开机后无故障工作的时间 X 服从指数分布，平均无故障工作的时间(EX)为 5 小时。设备定时开机，出现故障时自动关机，而在无故障的情况下工作 2 小时便关机。试求该设备每次开机无故障工作的时间 Y 的分布函数 $F(y)$。

13. (10 分)已知甲、乙两箱中装有两种产品，其中，甲箱中装有 3 件合格品和 3 件次品，乙箱中仅装有 3 件合格品。从甲箱中任取 3 件产品放入乙箱后，求：

(1) 乙箱中次品件数 X 的数学期望；

(2) 从乙箱中任取一件产品是次品的概率。

14. (4 分)设随机变量 X 和 Y 的相关系数为 0.9，若 $Z = X - 0.4$，则 Y 和 Z 的相关系数为________。

15. (4 分)设随机变量 X 和 Y 都服从正态分布，且它们不相关，则(　)。

(A) X 与 Y 一定独立　　(B) (X,Y) 服从二维正态分布

(C) X 与 Y 未必独立　　(D) $X+Y$ 服从一维正态分布

16. (4 分)设随机变量 X 和 Y 的相关系数为 0.5，$E(X)=E(Y)=0$，$E(X^2)=E(Y^2)=2$，则 $E(X+Y)^2=$ ________。

17. (13 分)对于任意二事件 A 和 B，$0<p(A)<1$，$0<p(B)<1$，有

$$\rho=\frac{P(AB)-P(A)P(B)}{\sqrt{P(A)P(B)P(\bar{A})P(\bar{B})}}$$

称作事件 A 和 B 的相关系数。

(1) 证明:事件 A 和 B 独立的充分必要条件是其相关系数等于零;

(2) 利用随机变量相关系数的基本性质,证明 $|\rho|<1$。

18. (4 分)设随机变量 X 服从参数为 λ 的指数分布，则 $P\{X>\sqrt{DX}\}=$ ________。

19. (4 分)设随机变量 $X_1,X_2,\cdots,X_n\ (n>1)$ 独立同分布,且方差 $\sigma^2>0$，令随机变量 $Y=\frac{1}{n}\sum_{i=1}^{n}X_i$，则(　)

(A) $D(X_1+Y)=\frac{n+2}{n}\sigma^2$　　(B) $D(X_1-Y)=\frac{n+2}{n}\sigma^2$

(C) $\mathrm{cov}(X_1,Y)=\frac{\sigma^2}{n}$　　(D) $\mathrm{cov}(X_1,Y)=\sigma^2$

20. (13 分)设 A、B 为两个随机事件,且 $P(A)=\frac{1}{4}$，$P(B|A)=\frac{1}{3}$，$P(A|B)=\frac{1}{2}$，令 $X=\begin{cases}1, & A\text{ 发生}\\0, & A\text{ 不发生}\end{cases}$，$Y=\begin{cases}1, & B\text{ 发生}\\0, & B\text{ 不发生}\end{cases}$。求:

(1) 二维随机变量 (X,Y) 的概率分布;

(2) X 与 Y 的相关系数 ρ_{XY};

(3) $Z=X^2+Y^2$ 的概率分布。

21. (9 分)设 A、B 为随机事件,且 $P(A)=\frac{1}{4}$，$P(B|A)=\frac{1}{3}$，$P(A|B)=\frac{1}{2}$，令 $X=\begin{cases}1, & A\text{ 发生}\\0, & A\text{ 不发生}\end{cases}$，$Y=\begin{cases}1, & B\text{ 发生}\\0, & B\text{ 不发生}\end{cases}$。求:

(1) 二维随机变量 (X,Y) 的概率分布;

(2) X 和 Y 的相关系数 ρ_{XY}。

22. (13 分)设 $X_1,X_2,\cdots,X_n\ (n>2)$ 为独立同分布的随机变量,且均服从 $N(0,1)$。记 $\bar{X}=\frac{1}{n}\sum_{i=1}^{n}X_i$，$Y_i=X_i-\bar{X}$，$i=1,2,\cdots,n$。求:

(1) Y_i 的方差 $D(Y_i)$，$i=1,2,\cdots,n$;

(2) Y_1 与 Y_n 的协方差 $\mathrm{cov}(Y_1,Y_n)$;

(3) $P\{Y_1+Y_n\leqslant 0\}$。

23. (13 分)设随机变量 X 的概率密度为 $f_y(x)=\begin{cases}\frac{1}{2}, & -1<x<0\\ \frac{1}{4}, & 0\leqslant x<2\\ 0, & \text{其他}\end{cases}$，令 $Y=X^2$，

$F(X,Y)$ 为二维随机变量 (X,Y) 的分布函数。求：

(1) Y 的概率密度 $f_Y(y)$；

(2) $\operatorname{cov}(X,Y)$；

(3) $F(-\frac{1}{2},4)$。

第五章：

1. (3 分)设随机变量 X 和 Y 的数学期望分别为-2 和 2，方差分别为 1 和 4，而相关系数为-0.5，则根据切比雪夫不等式有 $P\{|X+Y|\geqslant 6\}\leqslant$ ________。

2. (3 分)设随机变量 X 和 Y 的数学期望都是 2，方差分别为 1 和 4，而相关系数为 0.5，则根据切比雪夫不等式有 $P\{|X-Y|\geqslant 6\}\leqslant$ ________。

3. (8 分)一生产线生产的产品成箱包装，每箱的重量是随机的。假设每箱平均重 50 kg，标准差为 5 kg。若用最大载重量为 5 t 的汽车承运，试利用中心极限定理说明每辆车最多可以装多少箱，才能保障不超载的概率大于 0.977。($\Phi(2)=0.977$，其中，$\Phi(x)$ 是标准正态分布函数)

4. (3 分)设随机变量 $X_1,X_2,\cdots,X_n$ 相互独立，$S_n=X_1+X_2+\cdots+X_n$，则根据列维—林德伯格(Levy—Lindberg)中心极限定理，当 n 充分大时，S_n 近似服从正态分布，只要 X_1，$X_2,\cdots,X_n$ ( )

(A) 有相同的数学期望　　(B) 有相同的方差

(C) 服从同一指数分布　　(D) 服从同一离散型分布

第六章：

1. (7 分)设总体 $X\sim N(\mu,\sigma^2)(\sigma>0)$，从该总体中抽取简单随机样本 $X_1,X_2,\cdots,X_{2n}(n\geqslant 2)$。其样本的均值 $\bar{X}=\frac{1}{2n}\sum_{i=1}^{2n}X_i$，求统计量 $Y=\sum_{i=1}^{n}(X_i+X_{n+i}-2\bar{X})^2$ 的数学期望 $E(Y)$。

2. (3 分)设总体 $X\sim N(0,2^2)$，而 $X_1,X_2,\cdots,X_{15}$ 是来自总体 X 的简单随机样本，则随机变量 $Y=\dfrac{X_1^2+\cdots+X_{10}^2}{2(X_{11}^2+\cdots+X_{15}^2)}$ 服从________分布，参数为________。

3. (3 分)设随机变量 X 和 Y 都服从标准正态分布，则( )

(A) $X+Y$ 服从正态分布　　(B) X^2+Y^2 服从 χ^2 分布

(C) X^2 和 Y^2 都服从 χ^2 分布　　(D) X^2/Y^2 服从 F 分布

4. (4 分)设总体 X 服从参数为 2 的指数分布，$X_1,X_2,\cdots,X_n$ 为来自总体 X 的简单随机样本，则当 $n\to\infty$时，$Y_n=\frac{1}{n}\sum_{i=1}^{\infty}X_i^2$ 依概率收敛于________。

5. (9 分)设 $X_1,X_2,\cdots,X_n(n>2)$ 为来自总体 $N(0,1)$ 的简单随机样本，$\bar{X}$ 为样本均值，记 $Y_i=X_i-\bar{X}$，　$i=1,2,\cdots,n$。求：

(1) Y_i 的方差 $D(Y_i),i=1,2,\cdots,n$；

(2) Y_1 与 Y_n 的协方差 $\operatorname{cov}(Y_1,Y_n)$。

6. (4 分)设总体 X 的概率密度为 $f(x)=\frac{1}{2}e^{-|x|}\ (-\infty<x<+\infty)$，$x_1,x_2,\cdots,x_n$ 为

总体的简单随机样本，其样本方差 S^2 ，则 $E(S^2)=$ ________。

第七章：

1. (6 分)设某种元件的使用寿命 X 的概率密度为

$$f(x;\theta)=\begin{cases}2e^{-2(x-\theta)} & x>\theta\\ 0, & x\leqslant\theta\end{cases}$$

其中，$\theta>0$ 为未知参数。又设 $x_1,x_2,\cdots,x_n$ 是 X 的一组样本观测值，求参数 θ 的最大似然估计值。

2. (8 分)设 0.51，1.25，0.80，2.00 是来自总体 X 的简单随机样本值。已知 $Y=\ln x$ 服从正态分布 $N(\mu,1)$ 。

(1) 求 X 的数学期望 EX（记 EX 为 b）；

(2) 求 μ 的置信度为 0.95 的置信区间；

(3) 利用上述结果求 b 的置信度为 0.95 的置信区间。

3. (3 分)设总体 X 的概率密度为

$$f(x;\theta)=\begin{cases}e^{-(x-\theta)}, & 若\ x\geqslant\theta\\ 0, & 若\ x<\theta\end{cases}$$

则 $X_1,X_2,\cdots X_n$ 是来自总体 X 的简单随机样本，则未知参数 θ 的矩估计量为__________。

4. (7 分)设总体 X 的概率分别为

X	0	1	2	3
p	θ^2	$2\theta(1-\theta)$	θ^2	$1-2\theta$

其中，$\theta(0<\theta<\frac{1}{2})$ 是未知参数，利用总体 X 的如下样本值

3，1，3，0，3，1，2，3

求 θ 的矩估计值和最大似然估计值。

5. (4 分)已知一批零件的长度 X（单位：cm）服从正态分布 $N(\mu,1)$，从中随机地抽取 16 个零件，得到长度的平均值为 40 cm，则 μ 的置信度为 0.95 的置信区间是________。（注：标准正态分布函数值 $\Phi(1.96)=0.975,\Phi(1.645)=0.95$）

6. (8 分)设总体 X 的概率密度为

$$f(x)=\begin{cases}2e^{-2(x-\theta)}, & x>\theta\\ 0, & x\leqslant\theta\end{cases}$$

其中，$\theta>0$ 是未知参数，从总体 X 中抽取简单随机样本 $X_1,X_2,\cdots,X_n$，记 $\hat{\theta}=\min(X_1,X_2,\cdots,X_n)$。

(1) 求总体 X 的分布函数 $F(x)$；

(2) 求统计量 $\hat{\theta}$ 的分布函数 $F_{\hat{\theta}}(x)$；

(3) 如果用 $\hat{\theta}$ 作为 θ 的估计量，讨论它是否具有无偏性。

7. (9 分)设总体 X 的分布函数为

$$F(x,\beta)=\begin{cases}1-\dfrac{1}{x^{\beta}}, x>1\\ 0, \quad x\leqslant 1\end{cases}$$

其中，未知参数 $\beta>1$，$X_1,X_2,\cdots,X_n$ 为来自总体 X 的简单随机样本，求：

(1) β 的矩估计量；

(2) β 的最大似然估计量。

8. (13 分)设随机变量 X 的分布函数为

$$F(x,\alpha,\beta)=\begin{cases}1-\left(\dfrac{\alpha}{x}\right)^{\beta}, & x>\alpha\\ 0, & x\leqslant\alpha\end{cases}$$

其中,参数 $\alpha>0,\beta>1$ 。设 $X_1,X_2,\cdots,X_n$ 为来自总体 X 的简单随机样本，

(1) 当 $\alpha=1$ 时，求未知参数 β 的矩估计量；

(2) 当 $\alpha=1$ 时，求未知参数 β 的最大似然估计量；

(3) 当 $\beta=2$ 时，求未知参数 α 的最大似然估计量。

9. (13 分)设 $X_1,X_2,\cdots,X_n(n>2)$ 为来自总体 $N(0,\sigma^2)$ 的简单随机样本,其样本均值为 $\bar{X}$,记 $Y_i=X_i-\bar{X},i=1,2,\cdots,n$。求：

(1) Y_i 的方差 $D(Y_i),i=1,2,\cdots,n$ ；

(2) Y_1 与 Y_n 的协方差 $\operatorname{cov}(Y_1,Y_n)$ ；

(3) 若 $c(Y_1+Y_n)^2$ 是 σ^2 的无偏估计量,求常数 c 。

10. (13 分)设总体 X 的概率密度为 $f(x,\theta)=\begin{cases}\theta, & 0<x<1\\ 1-\theta, & 1\leqslant x<2\\ 0, & \text{其他}\end{cases}$,其中,θ 是未知参数 $(0<\theta<1)$,$X_1,X_2,\cdots,X_n$ 为来自总体的随机样本,记 N 为样本值 $X_1,X_2,\cdots,X_n$ 中小于 1 的个数,求：

(1) θ 的矩估计；

(2) θ 的最大似然估计。

第八章：

1. (4 分)设某次考试的考生成绩服从正态分布,从中随机地抽取 36 位考生的成绩,算得平均成绩为 66.5 分,标准差为 15 分。问:在显著性水平 0.05 下,是否可以认为这次考试全体考生的平均成绩为 70 分？给出检验过程。

[附表]:t 分布表($P\{t(n)\leqslant t_p(n)\}=p$)

$t_p(n)$ \ p	0.95	0.975
$t_p(35)$	1.689 6	2.030 1
$t_p(36)$	1.688 3	2.028 1

2. (3 分)设 $X_1,\cdots,X_n$ 是来自正态总体 $N(\mu,\sigma^2)$ 的简单随机样本,其中,参数 μ/σ^2 未知。记 $\bar{X}=\dfrac{1}{n}\sum\limits_{i=1}^{n}X_i,Q^2=\sum\limits_{i=1}^{n}(X_i-\bar{X})^2$,则假设 $H_0:\mu=0$ 的 t 检验使用的统计量 t ____________。

习题参考答案

第一章　概率论的基本概念

习题一　样本空间、随机事件

1. (1) $\Omega = \left\{ \frac{i}{n} \mid i = 0,1,\cdots,100 \right\}$，其中 n 为小班人数；

(2) $\Omega = \{10,11,12,\cdots\}$；

(3) $\Omega = \{00,100,0100,0101,0110,100,1010,1011,0111,1101,1110,1111\}$，其中，0 表示次品，1 表示正品；

(4) $\Omega = \{(x,y) \mid x^2 + y^2 < 1\}$。

2. (1) $A\overline{B}\,\overline{C}$； (2) $AB\overline{C}$； (3) ABC；

(4) $A \cup B \cup C = \overline{AB}C \cup \overline{A}B\overline{C} \cup A\overline{B}\,\overline{C} \cup \overline{A}BC \cup A\overline{B}C \cup AB\overline{C} \cup ABC = \overline{\overline{AB}\,\overline{C}}$；

(5) $\overline{A}\,\overline{B}\,\overline{C} = \overline{A \cup B \cup C}$；　　(6) $\overline{ABC}$；

(7) $\overline{A}BC \cup A\overline{B}C \cup AB\overline{C} \cup \overline{A}\,\overline{B}C \cup A\overline{BC} \cup \overline{A}B\overline{C} \cup \overline{AB}\,\overline{C} = \overline{ABC} = \overline{A} \cup \overline{B} \cup \overline{C}$；

(8) $AB \cup BC \cup CA = AB\overline{C} \cup A\overline{B}C \cup \overline{A}BC \cup ABC$

3. (1) 被选出的学生是三年级男生，但不是科普队员；

(2) 科普队由全体三年级男生组成；

(3) 科普队由三年级的部分学生组成；

(4) 女生全在三年级且三年级无男生。

习题二　概率、古典概型

1. $P(AB) = p + q - r, P(A\overline{B}) = r - q, P(B\overline{A}) = r - p$；

$P(\overline{A} \cup \overline{B}) = 1 + r - p - q, P(A \cup \overline{B}) = 1 + p - r$

2. $\frac{5}{8}$

3. $P(A) = \frac{C_8^3}{C_{10}^3} = \frac{7}{15}$；$P(B) = \frac{2C_9^3 - C_8^3}{C_{10}^3} = \frac{14}{15}$

4. 设 $\overline{A} = \{3\text{ 件全是合格品}\}$，$P(A) = 1 - P(\overline{A}) = 1 - \frac{C_{46}^3}{C_{50}^3} \approx 0.225\ 51$

5. (1) $p_1 = 1 - \frac{\frac{1}{2} \cdot \frac{4}{5} \cdot \frac{4}{5}}{1} = \frac{17}{25} = 0.68$；

(2) $p_2 = 1 - \left(\int_{\frac{1}{4}}^{1} dx \int_{\frac{1}{4x}}^{1} dy\right) = \frac{1}{4} + \frac{1}{2}\ln 2$

习题三 条件概率、全概率公式

1. $\frac{1}{3}$ 2. $\frac{1}{2}$

3. 0.192， 0.391 4. 0.345，$\frac{25}{69}$

习题四 独立性

1. ∵ $P(A) = \frac{18}{36} = \frac{1}{2}, P(B) = \frac{1}{2}, P(C) = \frac{9}{36} = \frac{1}{4}$，$P(AB) = \frac{1}{4}, P(BC) = \frac{1}{4}$，$P(AC) = \frac{1}{4}, P(ABC) = 0$。

∴ $P(AB) = P(A)P(B), P(AC) = P(A)P(C), P(BC) = P(B)P(C)$，即两两独立，但显然 $P(ABC) \neq P(A)P(B)P(C)$，所以 A、B、C 不相互独立。

2. (1) 0.3； (2) 0.5

3. $p = \frac{2}{3}$

4. (1) 0.512； (2) 0.488； (3) 0.008

自测题

一、填空题

1. $\frac{1}{12}$； 2. $\frac{2}{5}$； 3. $\frac{1}{4}$

二、选择题

1. C； 2. C； 3. C； 4. D

三、计算题

1. $P(\overline{A}\overline{B}) = P(\overline{A \cup B}) = 1 - P(A \cup B) = \frac{1}{9}$，$P(A\overline{B}) = P(\overline{A}B)$，即 $P(A) - P(AB) = P(B) - P(AB)$，故 $P(A) = P(B)$。

因此，$\frac{1}{9} = 1 - P(A) - P(B) + P(A)P(B) = 1 - 2P(A) + [P(A)]^2 = [1 - P(A)]^2$，得 $1 - P(A) = \pm\frac{1}{3}$，故 $P(A) = \frac{2}{3}$ 或 $P(A) = \frac{4}{3}$（舍去），即 $P(A) = \frac{2}{3}$。

2. 利用几何概率来求，半圆面积为 $\frac{1}{2}\pi a^2$。原点和该点的连线与 x 轴的夹角小于 $\frac{\pi}{4}$ 所形成的面积为 $\frac{\pi}{4}a^2 + \frac{1}{2}a^2$，故所求概率为 $p = \dfrac{\frac{\pi}{4}a^2 + \frac{1}{2}a^2}{\frac{1}{2}\pi a^2} = \frac{1}{2} + \frac{1}{\pi}$。

3. 0.458

4. 死亡人数不能超过 10 人，$\sum_{i=0}^{10} C_{2\,500}^{i}\,(0.002)^{i}\,(0.998)^{2\,500-i} \approx \sum_{i=0}^{10} \frac{5^i}{i!}e^{-5} \approx 0.986\,3$

5. 记事件 B_i =“第 i 次抽到报名表是女生表”，$i=1$、2；事件 A_i =“报名表是第 i 个地区的”，$i=1$、2、3。

(1) $P(B_1) = \sum_{i=1}^{3} P(A_i)P(B_1 \mid A_i) = \frac{29}{90}$

(2) $P(B_1\bar{B}_2) = \sum_{i=1}^{3} P(A_i)P(B_1\bar{B}_2 \mid A_i) = \frac{20}{90}$；$P(\bar{B}_1\bar{B}_2) = \sum_{i=1}^{3} P(A_i)P(\bar{B}_1\bar{B}_2 \mid A_i) = \frac{41}{90}$；$P(\bar{B}_2) = P(B_1\bar{B}_2) + P(\bar{B}_1\bar{B}_2) = \frac{61}{90}$；

$$\therefore \quad P(B_1 \mid \bar{B}_2) = \frac{P(B_1\bar{B}_2)}{P(\bar{B}_2)} = \frac{20}{90}\cdot\frac{90}{61} = \frac{20}{61}$$

第二章　随机变量

习题一　离散型随机变量及其分布

1. (1) $p(X=k) = (\frac{2}{3})^{k-1}\cdot\frac{1}{3} \qquad k=1,2,3\cdots$

(2) $p(X=k) = \frac{1}{3} \qquad k=1,2,3$

2. $F(x) = \begin{cases} 0, x < -1 \\ \frac{1}{4}, -1 \leqslant x < 2 \\ \frac{3}{4}, 2 \leqslant x < 3 \\ 1, x \geqslant 3 \end{cases}$

$P\{X \leqslant \frac{1}{2}\} = \frac{1}{4}$；$P\{\frac{3}{2} < X \leqslant \frac{5}{2}\} = \frac{1}{2}P\{2 \leqslant X \leqslant 3\} = \frac{3}{4}$

3. 由离散型随机变量 X 分布律与分布函数之间的关系，可知 X 的概率分布为

X	-1	1	3
P	0.4	0.4	0.2

习题二　连续型随机变量及其分布

1. (1) $a = \frac{1}{2}$；

(2) $P\{X > 1.5\} = \int_{1.5}^{3} f(x)\,dx = \frac{1}{2}$；

(3) $F(x) = P(X \leqslant x) =$

$$\begin{cases} 0, x < 0, \\ \int_0^x \frac{1}{2}x\mathrm{d}x = \frac{1}{4}x^2, 0 \leqslant x < 1 \\ \int_0^1 \frac{1}{2}x\mathrm{d}x + \int_1^x \frac{1}{2}\mathrm{d}x = \frac{1}{2}x - \frac{1}{4}, 1 \leqslant x < 2 \\ \int_0^1 \frac{1}{2}x\mathrm{d}x + \int_1^2 \frac{1}{2}\mathrm{d}x + \int_2^x (-\frac{x}{2} + \frac{3}{2})\mathrm{d}x = -\frac{1}{4}x^2 + \frac{3}{2}x - \frac{5}{4}, 2 \leqslant x < 3 \\ 1, x \geqslant 3 \end{cases}$$

2. (1) $A = \frac{1}{2}, B = \frac{1}{\pi}$，所以 $F(x) = \begin{cases} 0, x \leqslant -a \\ \frac{1}{2} + \frac{1}{\pi}\arcsin\frac{x}{a}, -a < x \leqslant a \\ 1, x > a \end{cases}$

(2) $P\{-a < X < \frac{a}{2}\} = F(\frac{a}{2}) - F(-a) = \frac{1}{2} + \frac{1}{\pi}\arcsin(\frac{a}{2a}) - 0 = \frac{1}{2} + \frac{1}{\pi} \times \frac{\pi}{6} = \frac{2}{3}$

(3) 随机变量 X 的概率密度为 $f(x) = F'(x) = \begin{cases} \frac{1}{\pi} \cdot \sqrt{a^2 - x^2}, & -a < x < a \\ 0, & 其他 \end{cases}$

3. (1) $e^{-\frac{1}{2}} \approx 0.607$； (2) $e^{-\frac{1}{2}} \approx 0.607$

4. (1) 0.532 8； 0.999 6； 0.697 7； 0.5

(2) $c = 3$

习题三 随机变量函数的分布

1.

Y	-4	-1
p	$\frac{1}{2}$	$\frac{1}{2}$

2. $f_Y(y) = \begin{cases} \frac{y-8}{32}, 8 < y < 16 \\ 0, & 其他 \end{cases}$

3. $f_Y(y) = \begin{cases} \frac{ye^{-y}}{2}, y > 0 \\ 0, & y \leqslant 0 \end{cases}$；$f_Y(y) = \begin{cases} \frac{1}{2}(\frac{y-3}{2})^3 e^{-(\frac{y-3}{2})^2}, y \geqslant 3 \\ 0, & y < 3 \end{cases}$

自测题

一、填空题

1. $\frac{1}{3}$； 2. 0.2； 3. $\frac{3}{\pi} \cdot \frac{(1-y)^2}{1+(1-y)^6}$

二、选择题

1. B； 2. C； 3. C

三、计算题

1. $a=\frac{1}{6},b=\frac{5}{6}$；

X	−1	1	2
P	$\frac{1}{6}$	$\frac{1}{3}$	$\frac{1}{2}$

2.(1) $\because \int_{-\infty}^{-\infty} f(x)\mathrm{d}x=\int_{-\pi/2}^{\pi/2} a\cos x\mathrm{d}x=2a=1 \quad \therefore a=\frac{1}{2}$

(2) $P(0<X<\frac{\pi}{4})=\int_{0}^{\pi/4}\frac{1}{2}\cos x\mathrm{d}x=\frac{\sqrt{2}}{4}$

(3) $F(x)=\begin{cases}0, & x\leqslant -\frac{\pi}{2}, \\ \frac{1}{2}\sin x+\frac{1}{2}, & -\frac{\pi}{2}<x\leqslant\frac{\pi}{2} \\ 1, & x>\frac{\pi}{2}\end{cases}$

3. $1-e^{-1}$；

4. (1) 0.022 8；　(2) $d\geqslant 81.163\ 5$

5. 0.601 3

第三章　随机向量

习题一　二维随机向量及其分布

1. $A=\frac{1}{\pi^2},B=\frac{\pi}{2},C=\frac{\pi}{2}$

2. $a+b=\frac{1}{3}$；　$a=\frac{2}{9},b=\frac{1}{9}$

3.

Y \ X	1	2
1	0	$\frac{1}{3}$
2	$\frac{1}{3}$	$\frac{1}{3}$

$F(x,y)=\begin{cases}1, & x\geqslant 2、y\geqslant 2 \\ \frac{1}{3}, & 1\leqslant x<2、y\geqslant 2, \quad 或x\geqslant 2、1\leqslant y<2 \\ 0, & 其他\end{cases}$

4. (1) $F(x,y)=\begin{cases}(1-e^{-2x})(1-e^{y}), x>0、y>0\\0, \quad 其他\end{cases}$

(2) $P\{Y\leqslant X\}=\int_0^{+\infty}\int_y^{+\infty}2e^{-(2x+y)}\,dx\,dy=\frac{1}{3}$

习题二 边缘分布、条件分布、独立性

1.

Y \ X	0	1	$P_{\cdot j}=P\{Y=y_j\}$
0	$\frac{12}{42}$	$\frac{12}{42}$	$\frac{4}{7}$
1	$\frac{12}{42}$	$\frac{6}{42}$	$\frac{3}{7}$
$P_{i\cdot}=P\{X=x_i\}$	$\frac{4}{7}$	$\frac{3}{7}$	1

2. $fx(x)=\begin{cases}6(x-x^2), 0\leqslant x\leqslant 1\\0, \quad x<0, x>1\end{cases}$；

$f_Y(y)=\begin{cases}6(\sqrt{y}-y), 0\leqslant y\leqslant 1\\0, \quad 其他\end{cases}$

3. $f_{Y|X}(y\mid x)=\begin{cases}\frac{1}{2x}, \quad |y|<x<1,\\0, \quad 其他\end{cases}$；

$f_{X|Y}(x\mid y)=\begin{cases}\frac{1}{1-y}, \quad y<x<1\\\frac{1}{1+y}, \quad -y<x<1\\0, \quad 其他\end{cases}$

4. (1)、(2)

X \ Y	0	1	2	3	$P_{i\cdot}$
0	0	0	$\frac{21}{120}$	$\frac{35}{120}$	$\frac{56}{120}$
1	0	$\frac{14}{120}$	$\frac{42}{120}$	0	$\frac{56}{120}$
2	$\frac{1}{120}$	$\frac{7}{120}$	0	0	$\frac{8}{120}$
$P_{\cdot j}$	$\frac{1}{120}$	$\frac{21}{120}$	$\frac{63}{120}$	$\frac{35}{120}$	1

(3) X 与 Y 不相互独立；

(4)

$Y=j\mid X=0$	2	3
P	$\frac{3}{8}$	$\frac{5}{8}$

习题三　两个随机变量的函数的分布

1. (1)

$X+Y$	-3	-2	-1	$-\frac{3}{2}$	$-\frac{1}{2}$	1	3
P	$\frac{1}{12}$	$\frac{1}{12}$	$\frac{3}{12}$	$\frac{2}{12}$	$\frac{1}{12}$	$\frac{2}{12}$	$\frac{2}{12}$

(2)

$X-Y$	0	1	$\frac{5}{2}$	$\frac{3}{2}$	5	3
P	$\frac{1}{12}$	$\frac{4}{12}$	$\frac{2}{12}$	$\frac{1}{12}$	$\frac{2}{12}$	$\frac{2}{12}$

2. $$f_R(z)=\int_{-\infty}^{+\infty}f(x)f(z-x)dx=\begin{cases}\int_0^z f(x)f(z-x)\mathrm{d}x, & 0\leqslant z<10\\ \int_{z-10}^{10}f(x)f(z-x)\mathrm{d}x, & 10\leqslant z\leqslant 20\\ 0, & \text{其他}\end{cases}$$

$$f_R(z)=\begin{cases}\dfrac{(600z-60z^2+z^3)}{15\ 000}, & 0\leqslant z<10\\ \dfrac{(20-z)^3}{15\ 000}, & 10\leqslant z<20\\ 0, & \text{其他}\end{cases}$$

3. $\frac{1}{9}$；　　4. $f_Z(z)=\begin{cases}0, & z<0\\ 2z\mathrm{e}^{-z^2}, & z\geqslant 0\end{cases}$

自测题

一、填空题

1. $\frac{1}{64}$

2.

$X \backslash Y$	y_1	y_2	y_3	$P\{X=x_i\}=P_i$
x_1	$\frac{1}{24}$	$\frac{1}{8}$	$\frac{1}{12}$	$\frac{1}{4}$
x_2	$\frac{1}{8}$	$\frac{3}{8}$	$\frac{1}{4}$	$\frac{3}{4}$
$P\{Y=y_j\}=p_j$	$\frac{1}{6}$	$\frac{1}{2}$	$\frac{1}{3}$	1

3. $\frac{1}{4}$

二、选择题

1. A； 2. A； 3. C

三、计算题

1. $f(x,y)=\begin{cases}\frac{1}{4}, & 1\leqslant x\leqslant 3,1\leqslant y\leqslant 3\\ 0, & 其他\end{cases}$；

$$F(u)=\begin{cases}0, & u\leqslant 0\\ \iint\limits_{\substack{|x-y|\leqslant u\\(x,y)\in G}}\frac{1}{4}\mathrm{d}x\mathrm{d}y=1-\frac{1}{4}(2-u)^2, & 0<u<2\\ 1, & u\geqslant 2\end{cases}$$

因此，$f(u)=\begin{cases}\frac{1}{2}(2-u), & 0<u<2\\ 0, & 其他\end{cases}$

2. (1) $c=1$

(2) X 与 Y 不独立

(3) $f_{X|Y}(x|y)=\begin{cases}\frac{2x}{y^2}, & 0<x<y<+\infty\\ 0, & 其他\end{cases}$；

$f_{Y|X}(y|x)==\begin{cases}\mathrm{e}^{x-y}, & 0<x<y<+\infty\\ 0, & 其他\end{cases}$

(4) $P\{X<1|Y<2\}=\dfrac{1-2\mathrm{e}^{-1}-\frac{1}{2}\mathrm{e}^{-2}}{1-5\mathrm{e}^{-2}}$；$P\{X<1|Y=2\}=\frac{1}{4}$

3. (1) 由概率分布的性质知，$a+b+c+0.6=1$，即 $a+b+c=0.4$，再由 $P\{X\leqslant 0|Y\leqslant 0\}=\dfrac{P\{X\leqslant 0,Y\leqslant 0\}}{P\{Y\leqslant 0\}}=\dfrac{a+0.1+0+b}{a+0.2+b+0.3}=0.5$，得 $a+b=0.3$，又已知 $a-c=0.1$，解以上关于 a、b、c 的三个方程得 $a=0.2,b=0.1,c=0.1$。

(2) Z 的概率分布为

Z	-2	-1	0	1	2
P	0.2	0.1	0.3	0.3	0.1

(3) $P\{X = Z\} = P\{Y = 0\} = 0.1 + b + 0.2 = 0.1 + 0.1 + 0.2 = 0.4$

4. $f_Z(Z) = \begin{cases} 0, & Z < 0 \\ \dfrac{1}{2}(1 - e^{-z}), & 0 \leqslant Z < 2 \\ \dfrac{1}{2}(e^2 - 1)e^{-Z}, & Z \geqslant 2 \end{cases}$

第四章　随机变量的数字特征

习题一　数学期望

1. $E(Y) = p_1 + p_3 + 4p_4$;

2. $E(X) = \int_{-\infty}^{+\infty} xf(x)\mathrm{d}x = \int_{0}^{+\infty} x \cdot \frac{1}{5}e^{-x/5}\mathrm{d}x = 5$

3. 一台收费 Y 的分布律为

Y	1 500	2 000	2 500	3 000
P	0.095 2	0.086 1	0.077 9	0.740 8

得 $E(Y) = 2\ 732.15$，即平均一台家用电器收费 2 732.15 元

4. $E(X) = 2; E(Y) = 0; E\left(\frac{Y}{X}\right) = -\frac{1}{15}; E[(X - Y)^2] = 5$

习题二　方差、协方差、相关系数

1. $D(2X^3 + 5) = \frac{2\ 954}{9}$

2. $D(Y) = D(X^2) = E(X^4) - [E(X^2)]^2 = \frac{\pi^4}{16} - 3\pi^2 + 24 - \left(\frac{\pi^2}{4} - 2\right)^2 = 20 - 2\pi^2$

3. $a = 12, b = -12, c = 3$

4. (1) $E(Z) = E(\frac{X}{3} + \frac{Y}{2}) = \frac{1}{3}, D(Z) = D(\frac{X}{3}) + D(\frac{Y}{2}) + 2\mathrm{cov}(\frac{X}{3}, \frac{Y}{2}) = 3$

(2) $\mathrm{cov}(X, Z) = \mathrm{cov}(X, \frac{X}{3} + \frac{Y}{2}) = 0$，故 $\rho_{XY} = \mathrm{cov}(X, Z)/(\sqrt{D(X)} \cdot \sqrt{D(Z)}) = 0$

(3) 由二维正态随机变量相关系数为零和相互独立两者是等价的结论，可知 X 与 Z 是相互独立的。

自测题

一、填空题

1. $A = e^{-a}, B = a$　　2. 2； 2　　3. $\frac{1}{\pi}\ln 2 + \frac{1}{2}$

二、选择题

1. A；　2. B；　3. D

三、计算题：

1. 引入随机变量 X_i，$X_i = \begin{cases} 0, \text{在第 } i \text{ 站没有人下车} \\ 1, \text{在第 } i \text{ 站有人下车} \end{cases}$，$i = 1,2,\cdots,10$，则 $X = X_1 + X_2 + \cdots + X_{10}$，有 $P\{X_i = 0\} = \left(\frac{9}{10}\right)^{20}$，$P\{X_i = 1\} = 1 - \left(\frac{9}{10}\right)^{20}$，$i = 1,2,\cdots,10$；由此 $E(X_i) = 1 - \left(\frac{9}{10}\right)^{20}$，$i = 1,2,\cdots$，得

$$E(X) = E(X_1 + X_2 + \cdots + X_{10}) = E(X_1) + E(X_2) + \cdots + E(X_{10})$$
$$= 10\left[1 - \left(\frac{9}{10}\right)^{20}\right] = 8.784(\text{次})$$

2. 设生产 x 件，则获利 Q 是 x 的函数，即

$$Q = Q(x) = \begin{cases} mY - n(x - Y), & \text{若 } Y < x \\ mx, & \text{若 } Y \geqslant x \end{cases}$$

$$E(Q) = \int_0^{+\infty} Q f_Y(y)\mathrm{d}y = (m+n)\theta - (m+n)\theta e^{-x/\theta} - nx$$

令 $\frac{\mathrm{d}}{\mathrm{d}x}E(Q) = (m+n)e^{-x/\theta} - n = 0$，得 $x = -\theta\ln(\frac{n}{m+n})$。又 $\frac{\mathrm{d}^2}{\mathrm{d}x^2}E(Q) = -\frac{(m+n)}{\theta}e^{-x/\theta} < 0$，因此，当 $x = -\theta\ln(\frac{n}{m+n})$ 时，$E(Q)$ 取得最大值 。

3. $E(Z) = \int_{-\infty}^{+\infty}\int_{-\infty}^{+\infty}\cos(x+y)f(x,y)\mathrm{d}x\mathrm{d}y = \int_0^{\frac{\pi}{2}}\int_0^{\frac{\pi}{2}}\frac{1}{2}\cos(x+y)\sin(x+y)\mathrm{d}x\mathrm{d}y = 0$；

$$D(Z) = E(Z^2) = \int_0^{\frac{\pi}{2}}\int_0^{\frac{\pi}{2}}\frac{1}{2}\cos^2(x+y)\sin(x+y)\mathrm{d}x\mathrm{d}y = \frac{2}{9}$$

4. X 与 Y 的相关系数 $\rho_{XY} = \frac{\mathrm{cov}(X,Y)}{\sqrt{D(X)}\sqrt{D(Y)}} = -\frac{\sqrt{15}}{69}$

第五章　大数定律与中心极限定理

习题一　大数定律与中心极限定理

1. $\frac{1}{9}$；　2. $\frac{1}{2}$

3. 因为$E(V_k)=5,D(V_k)=\frac{100}{12}(k=1,2,\cdots,20)$。$\dfrac{\sum\limits_{k=1}^{20}V_k-20\times 5}{\sqrt{\frac{100}{12}}\cdot\sqrt{20}}$近似服从正态分布$N(0,1)$,所以$P\{V>105\}=P\{\dfrac{V-20\times 5}{\sqrt{\frac{100}{12}}\cdot\sqrt{20}}>\dfrac{105-20\times 5}{\sqrt{\frac{100}{12}}\cdot\sqrt{20}}\}\approx 0.348$。

4. 令$X_i=\begin{cases}1,\text{第 } i \text{ 粒是良种}\\0,\text{第 } i \text{ 粒不是良种}\end{cases},i=1,2,\cdots,n$;则$P(X_i=1)=\frac{1}{6}$,记$Y_n=\sum\limits_{i=1}^{n}X_i$,则$Y_n\sim B\left(6\ 000,\frac{1}{6}\right)$,由中心极限定理有:$Y_n$近似服从$N\left(1\ 000,1\ 000\times\frac{5}{6}\right)$,根据题意,所求概率为

$$\begin{aligned}P\left(\left|\frac{Y_n}{6\ 000}-\frac{1}{6}\right|\leqslant\frac{1}{1\ 000}\right)&=P(|Y_n-1\ 000|\leqslant 6)\\&=P\left(\left|\frac{Y_n-1\ 000}{\sqrt{1\ 000\times 5/6}}\right|\leqslant\frac{6}{\sqrt{1\ 000\times 5/6}}\right)\\&=2\Phi(0.208)-1=0.166\ 4\end{aligned}$$

5. 98

自测题

一、填空题

1. $\frac{1}{4}$;　　2. 1;　　3. 16

二、选择题

1. B;　　2. A;　　3. A;　　4. D

三、计算题

(1) $p(x=k)=C_{100}^{k}\,0.2^{k}\,0.8^{100-k}\quad(k=0,1,\cdots,100)$

(2) 0.927

第六章　数理统计的基本概念

习题一　随机样本、抽样分布

1. A,C,D;　　2. C;　　3. C

4. $\left(\frac{X_1+X_2+X_3}{\sqrt{3}}\right)^2\sim\chi^2(1)$,$\left(\frac{X_4+X_5+X_6}{\sqrt{3}}\right)^2\sim\chi^2(1)$,故$\left(\frac{X_1+X_2+X_3}{\sqrt{3}}\right)^2+\left(\frac{X_4+X_5+X_6}{\sqrt{3}}\right)^2=\frac{1}{3}[(X_1+X_2+X_3)2+(X_4+X_5+X_6)2]\sim\chi^2(2)$,所以$C=\frac{1}{3}$,$CY$服从$\chi^2$分布。

5. $a=\dfrac{1}{20}$；$b=\dfrac{1}{100}$；2

自测题

一、填空题

1. t 分布； 9

2. σ^2

二、选择题

1. B； 2. D

三、计算题

1. 35

2. 提示：$E(S^2)=D(X)$，$E(S^2)=2$

3. $2(n-1)6^2$

第七章 参数估计

习题一 点估计

1. $E(\bar{X})=\mu$； $D(\bar{X})=\dfrac{\sigma^2}{n}$； $E(S^2)=\sigma^2$

2. $\hat{p}=\dfrac{1}{\bar{X}}$

3. $\hat{\theta}_{矩}=\dfrac{2\bar{X}-1}{1-\bar{X}}$ $\hat{\theta}_{\max}=-1-\dfrac{n}{\ln(x_1\cdots x_n)}$

4. (1) $E(2\bar{X})=2E(\bar{X})=2E(X)=2\times\dfrac{\theta}{2}=\theta, X_h=\max(X_1,X_2,\cdots,X_n)$ 的概率密度为 $f(x)=\begin{cases}\dfrac{nx^{n-1}}{\theta^n}, & 0\leqslant x\leqslant\theta\\ 0, & 其他\end{cases}$，$E(X_h)=\int_0^\theta x\cdot\dfrac{nx^{n-1}}{\theta^n}\mathrm{d}x=\dfrac{n}{n+1}\theta$。

(2) $D(\hat{\theta}_1)=\dfrac{\theta^2}{3n}, D(\hat{\theta}_2)=D\left(\dfrac{n+1}{n}X_h\right)=\left(\dfrac{n+1}{n}\right)^2D(X_h), D(X_h)=E(X_h^2)-[E(X_h)]^2=\dfrac{n}{n+2}\theta^2-\theta^2=\dfrac{n}{(n+1)^2(n+2)}\theta^2$

习题二 区间估计

1. (1) 当 $\alpha=0.10$ 时，μ 的置信区间为(498.17,507.67)；

(2) 当 $\alpha=0.05$ 时，μ 的置信区间为(497.26,508.58)。

2. μ 的置信度为 0.95 的置信区间为(144.720,149.946)

3. (4.58,9.60)

自测题

一、填空题

1. $k=\dfrac{1}{2(n-1)}$； 2. $\dfrac{1}{n}\sum\limits_{i=1}^{n}X_i-1$； 3. (4.804,5.196)

二、选择题

1. C； 2. C

三、计算题

1. 提示：(1) $E(X)=\int_1^{+\infty}\dfrac{\beta}{x^{\beta}}\mathrm{d}x=\dfrac{\beta}{1-\beta}x^{1-\beta}\Big|_1^{+\infty}=\dfrac{\beta}{\beta-1}$，所以 β 的矩估计量 $\hat{\beta}=\dfrac{\bar{X}}{\bar{X}-1}$。

(2) 似然函数 $L=L(\beta)=\prod\limits_{i=1}^{n}f(x_i,\beta)=\begin{cases}\beta^n\left(\prod\limits_{i=1}^{n}x_i^{-(\beta+1)}\right), x_i>1,(i=1,2,\cdots,n)\\ 0, \quad 其他\end{cases}$

$\ln L=n\ln\beta-(\beta+1)\sum\limits_{i=1}^{n}\ln x_i$，$\dfrac{\mathrm{d}\ln L}{\mathrm{d}\beta}=\dfrac{n}{\beta}-\sum\limits_{i=1}^{n}\ln x_i=0$，所以 $\hat{\beta}=\dfrac{n}{\sum\limits_{i=1}^{n}\ln x_i}$

2. 似然函数为：$L(\theta,\mu)=\begin{cases}\prod\limits_{i=1}^{n}\dfrac{1}{\theta}\mathrm{e}^{-(x_i-\mu)/\theta}, x_i\geqslant\mu\\ 0,其他\end{cases}=\begin{cases}\dfrac{1}{\theta^n}\mathrm{e}^{-\frac{1}{\theta}\sum\limits_{i=1}^{n}(x_i-\mu)}, \min x_i\geqslant\mu\\ 0,其他\end{cases}$

对数似然函数为：$\ln L(\theta,\mu)=-n\ln\theta-\dfrac{1}{\theta}\sum\limits_{i=1}^{n}(x_i-\mu)$

由 $\begin{cases}\dfrac{\partial\ln L(\theta,\mu)}{\partial\theta}=-\dfrac{n}{\theta}+\dfrac{1}{\theta}\sum\limits_{i=1}^{n}(x_i-\mu)=0\\ \dfrac{\partial\ln L(\theta,\mu)}{\partial\mu}=\dfrac{n}{\theta}=0\end{cases}$ 得：$\theta=\dfrac{1}{n}\sum\limits_{i=1}^{n}x_i-\mu$

由于 $L(\theta,\mu)$ 对 $\mu\leqslant\min x_i$，有 $L(\theta,\mu)>0$，且是 μ 的增函数，故使 $L(\theta,\mu)$ 达到最大的 μ，即 μ 的极大似然估计。所以，$\hat{\mu}=\min\limits_{1\leqslant i\leqslant n}x_i$，代入得：$\hat{\theta}=\dfrac{1}{n}\sum\limits_{i=1}^{n}x_i-\hat{\mu}$

3. $\bar{x}=76.6$，$s=18.14$，$\alpha=1-0.95=0.05$，$n=20$，$t_{\alpha/2}(n-1)=t_{0.025}(19)=2.093$，$\chi^2_{\alpha/2}(n-1)=\chi^2_{0.025}(19)=32.852$，$\chi^2_{0.975}(19)=8.907$

(1) μ 的置信度为 0.95 的置信区间

$$\left(\bar{x}\pm\frac{s}{\sqrt{n}}t_{\alpha/2}(n-1)\right)=\left(76.6\pm\frac{18.14}{\sqrt{20}}\times2.093\right)=(68.11,85.089)$$

(2) σ^2 的置信度为 0.95 的置信区间

$$\left(\frac{(n-1)s^2}{\chi^2_{\alpha/2}(n-1)},\frac{(n-1)s^2}{\chi^2_{1-\alpha/2}(n-1)}\right)=\left(\frac{19}{32.852}\times18.14^2,\frac{19}{8.907}\times18.14^2\right)=(190.33,702.01)$$

第八章　假设检验

习题一　单个正态总体的假设检验

1. $H_0:\mu=\mu_0=0.5$ 和 $H_1:\mu\neq\mu_0$.

取定 $\alpha=0.05$，则 $z_{\alpha/2}=z_{0.025}=1.96$，又已知 $n=9$，$\sigma=0.015$，由样本算得 $\bar{x}=0.511$，即有 $\dfrac{\bar{x}-\mu_0}{\sigma/\sqrt{n}}=2.2>1.96$，，于是拒绝假设 H_0，认为包装机工作不正常。

2. 要检验假设 $H_0:\mu=10.5$，$H_1:\mu\neq10.5$，$n=15$，$\bar{x}=10.48$，$\alpha=0.05$，$s=0.237$，则 $|t|=\left|\dfrac{\bar{x}-\mu_0}{s/\sqrt{n}}\right|=\left|\dfrac{10.48-10.5}{0.237/\sqrt{15}}\right|=0.327$，查表得 $t_{\alpha/2}(n-1)=t_{0.025}(14)=2.1448>|t|=0.327$，故接受 H_0，认为金属棒的平均长度无显著变化。

3. 要检验假设 $H_0:\sigma^2=5\,000$，$H_1:\sigma^2\neq5\,000$，$n=26$，$\alpha=0.02$，$\sigma_0{}^2=5\,000$，$\chi^2_{\alpha/2}(n-1)=\chi^2_{0.01}(25)=44.314$，$\chi^2_{1-\alpha/2}(n-1)=\chi^2_{0.99}(25)=11.524$，拒绝域为：$\dfrac{(n-1)s^2}{\sigma_0{}^2}\leqslant11.524$，或 $\dfrac{(n-1)s^2}{\sigma_0{}^2}\geqslant44.314$。因为 $\dfrac{(n-1)s^2}{\sigma_0{}^2}=\dfrac{25\times9\,200}{5\,000}=46>44.314$，所以拒绝 H_0，认为这批电池的寿命的波动性较以往的有显著的变化。

自测题

一、填空题

1. 不正常；

2. 否，电池的寿命不比该公司宣称的短；

3. 接受域为 $\bar{x}\in[1.08,8.92]$；$\beta=0.921$。

二、选择题

1. D；　2. D

三、计算题

1. 可以认为；

2. (1) 若 H_0 成立，则 $\dfrac{\sqrt{n}(\bar{X}-\mu_0)}{3}\sim N(0,1)$，$P((X_1,\cdots X_n)\in W_1)=P(|\bar{X}-\mu_0|\geqslant C)=P\left(\dfrac{\sqrt{n}|\bar{X}-\mu_0|}{3}\geqslant\dfrac{\sqrt{n}C}{3}\right)=2\left(1-\Phi\left(\dfrac{\sqrt{n}C}{3}\right)\right)=0.05$，其中，$\Phi\left(\dfrac{\sqrt{n}C}{3}\right)=0.975$，$\dfrac{\sqrt{n}C}{3}=1.96$，$C=\dfrac{5.88}{\sqrt{n}}$；

(2) $n=25$ 时，若 H_0 成立，$\alpha=P((X_1,\cdots X_n)\in W_1)=2\left(1-\Phi\left(\dfrac{\sqrt{n}C}{3}\right)\right)=$

$2\left(1-\Phi\left(\frac{5C}{3}\right)\right)$。若 H_0 不成立，不妨假设 $\mu=\mu_1\neq\mu_0$，

$$\begin{aligned}\beta&=P((X_1,\cdots,X_n)\in\bar{W}_1)=P(|\bar{X}-\mu_0|<C)=P(-C+\mu_0<\bar{X}<C+\mu_0)\\&=P\left(\frac{5}{3}(-C+\mu_0-\mu)<\frac{5}{3}(\bar{X}-\mu)<\frac{5}{3}(C+\mu_0-\mu)\right)\\&=\Phi\left(\frac{5}{3}(C+\mu_0-\mu_1)\right)-\Phi\left(\frac{5}{3}(-C+\mu_0-\mu_1)\right)\end{aligned}$$

当 C 较小时，α 较大，β 较小；当 C 较大时，α 较小，β 较大。由于 μ 是任取的，所以对所有 $\mu\neq\mu_0$ 上面的关系成立。

概率论与数理统计期末模拟试题一

一、填空题

1. $\frac{4}{7}$；　2. $\frac{1}{1\ 260}$；　3. $\frac{2}{3}$；　4. $\frac{3}{4}$；

5. n，$2n$；　6. 1；　7. $\Phi(2)$；　8. $\frac{1}{8}$

二、计算题

1. 解：记 A：挑选出的人是男人；B：挑选出的人是色盲。取 $\{A,\bar{A}\}$ 为样本空间的划分。由贝叶斯公式：

$$P(A\mid B)=\frac{P(B\mid A)P(A)}{P(B\mid A)P(A)+P(B\mid\bar{A})P(\bar{A})}=\frac{0.05\times0.5}{0.05\times0.5+0.0025\times0.5}=\frac{20}{21}$$

2. 解：随机变量 X 所有可能的取值为：$1,2,\cdots,n,\cdots$；分布律为：$P(X=k)=(1-0.45)^{k-1}0.45k=1,2,\cdots,n,\cdots$。

$\{X$ 取偶数$\}=\bigcup\limits_{k=1}^{\infty}\{X=2k\}$：一列互不相容的事件的和，所以 $P\{X$ 取偶数$\}=P[\bigcup\limits_{k=1}^{\infty}\{X=2k\}]=\sum\limits_{i=1}^{\infty}P\{X=2k\}=\sum\limits_{i=1}^{\infty}0.55^{2k-1}0.45=11/31$。

3. 解：记取出的 4 只电子管寿命分别为 X_1、X_2、X_3、X_4，所求概率为 P，则 $P=P\{\min(X_1,X_2,X_3,X_4)\geqslant180\}=P(X_i\geqslant180)^4=[1-P(X_i\leqslant180)]^4=[1-\Phi(1)]^4=0.000\ 63\quad i=1,2,3,4$

4. 解：

$$(1)\ f_X(x)=\int_{-\infty}^{\infty}f(x,y)\mathrm{d}y=\begin{cases}\int_{-\sqrt{1-x^2}}^{\sqrt{1-x^2}}\frac{1}{\pi}\mathrm{d}y, & |x|\leqslant1\\0, & \text{其他}\end{cases}=\begin{cases}\frac{2\sqrt{1-x^2}}{\pi}, & |x|\leqslant1\\0, & \text{其他}\end{cases}$$

由对称性

$$f_Y(y)=\int_{-\infty}^{\infty}f(x,y)\mathrm{d}x=\begin{cases}\int_{-\sqrt{1-y^2}}^{\sqrt{1-y^2}}\frac{1}{\pi}\mathrm{d}y, & |y|\leqslant1\\0, & \text{其他}\end{cases}=\begin{cases}\frac{2\sqrt{1-y^2}}{\pi}, & |y|\leqslant1\\0, & \text{其他}\end{cases}$$

$E(X)=\iint\limits_{x^2+y^2\leqslant 1}\frac{x}{\pi}\mathrm{d}x\mathrm{d}y=0$，$E(Y)=\iint\limits_{x^2+y^2\leqslant 1}\frac{y}{\pi}\mathrm{d}x\mathrm{d}y=0$，$E(XY)=\iint\limits_{x^2+y^2\leqslant 1}\frac{xy}{\pi}\mathrm{d}x\mathrm{d}y=0$，所以 $\mathrm{cov}(X,Y)=E(XY)-E(X)E(Y)=0$，从而 $\rho_{X,Y}=0$

(2) 由 $\rho_{X,Y}=0$，X 与 Y 不相关；X 与 Y 也不独立，因为 $f(x,y)=\frac{1}{\pi}\neq f_X(x)f_Y(y)$。

5. 解：记一周内流水线产生的利润为 Y，则 Y 的所有取值为：$-2,6,20$。分布律为

Y	-2	6	20
P_k	$1-1.4\times 0.9^4$	0.5×0.9^4	0.9^5

所以 $E(Y)=20\times 0.9^5+6\times 0.5\times 0.9^4-2\times(1-1.4\times 0.9^4)\approx 13.6$ 万元

三、(1)矩法估计量

$$E(X)=\int_{-\infty}^{+\infty}xf(x)\mathrm{d}x=\int_{\mu}^{+\infty}\frac{x}{\theta}\mathrm{e}^{-\frac{x-\mu}{\theta}}\mathrm{d}x=-x\mathrm{e}^{-\frac{x-\mu}{\theta}}\Big|_{\mu}^{\infty}+\int_{\mu}^{+\infty}\mathrm{e}^{-\frac{x-\mu}{\theta}}\mathrm{d}x$$

$$=\mu-\theta\mathrm{e}^{-\frac{x-\mu}{\theta}}\Big|_{\mu}^{+\infty}=\mu+\theta$$

$$E(X^2)=\int_{-\infty}^{+\infty}x^2f(x)\mathrm{d}x=\int_{\mu}^{+\infty}\frac{x^2}{\theta}\mathrm{e}^{-\frac{x-\mu}{\theta}}\mathrm{d}x=-x^2\mathrm{e}^{-\frac{x-\mu}{\theta}}\Big|_{\mu}^{\infty}+2\int_{\mu}^{+\infty}x\mathrm{e}^{-\frac{x-\mu}{\theta}}\mathrm{d}x$$

$$=\mu^2+2\theta(\mu+\theta)=(^{\mu}+\theta)2+\theta^2$$

令 $\begin{cases}E(X)=(\mu+\theta)=\bar{X}\\E(X^2)=(\mu+\theta)^2+\theta^2=A_2\end{cases}$，解之得 μ、θ 的矩法估计量为 $\hat{\mu}=\bar{X}-\sqrt{A_2-\bar{X}^2}$，$\hat{\theta}=\sqrt{A_2-\bar{X}^2}$。

(2) 极大似然估计

$L(\mu,\theta)=\frac{1}{\theta^n}\exp\{-\frac{1}{\theta}(\sum_{i=1}^{n}x_i-n\mu)\}\mu<\min\{x_1,\cdots,x_n\}$，$\ln L=-n\ln\theta-\frac{1}{\theta}(\sum_{i=1}^{n}x_i-n\mu)\mu<\min\{x_1,\cdots,x_n\}$，$\frac{\partial\ln L}{\partial\mu}=\frac{n}{\theta}>0$，故 $\ln L$ 是 μ 的递增函数，$\hat{\mu}=\min\{x_1,\cdots x_n\}$。由 $\frac{\partial\ln L}{\partial\theta}=0$ 得 $\hat{\theta}=\bar{x}-\min\{x_1,\cdots,x_n\}$。所以极大似然估计量为 $\hat{\mu}=\min\{X_1,\cdots X_n\}$，$\hat{\theta}=\bar{X}-\min\{X_1,\cdots,X_n\}$

四、证明：记 $Z=X+Y$，则 Z 所有可能的取值为：$0,1,2,\cdots,n,\cdots$。

由离散卷积公式有

$$P(Z=k)=\sum_{i=0}^{k}P(X=i)P(Y=k-i)=\sum_{i=0}^{k}\frac{\lambda^i}{i!}\mathrm{e}^{-\lambda}\frac{\lambda^{k-i}}{(k-i)!}\mathrm{e}^{-\lambda}=\frac{\lambda^k\mathrm{e}^{-2\lambda}}{k!}\sum_{i=0}^{k}\frac{k!}{i!(k-i)!}$$

$$=\frac{\lambda^k\mathrm{e}^{-2\lambda}}{k!}2^k=\frac{(2\lambda)^k\mathrm{e}^{-2\lambda}}{k!}\qquad k=0,1,\cdots,n,\cdots$$

即 $Z=X+Y$ 服从参数为 2λ 的泊松分布。

五、构造检验统计量 $F=\frac{S_1^2}{S_2^2}$，当 H_0 为真时，$F=\frac{S_1^2}{S_2^2}\sim F(n_1-1,n_2-1)$；当 H_0 不真

而 H_1 为真时，由 $F=\frac{S_1^2}{S_2^2}=\frac{S_1^2/\sigma_1^2}{S_2^2/\sigma_2^2}\cdot\frac{\sigma_1^2}{\sigma_2^2}$，即一个 $F(n_1-1,n_2-1)$ 的统计量乘以一个大于1的数，$F=\frac{S_1^2}{S_2^2}$ 有偏大的趋势。所以当 $F=\frac{S_1^2}{S_2^2}$ 偏大时我们拒绝 H_0 而接受 H_1，拒绝域的形式是：$F=\frac{S_1^2}{S_2^2}>K$。由 H_0 为真时 $F=\frac{S_1^2}{S_2^2}\sim F(n_1-1,n_2-1)$ 确定常数 K，得拒绝域为：$F=\frac{S_1^2}{S_2^2}>F_\alpha(n_1-1,n_2-1)$。

概率论与数理统计期末模拟试题二

一、填空题

1. 0.7
2. 0.6
3. $\frac{1}{(\sqrt{2\pi}\sigma y)}\cdot\exp\{\frac{-1}{(2\sigma^2)}\cdot[\ln y-\mu]^2\},\quad y>0$
4. 4
5. 53
6. $\frac{n}{2}$
7. $\Phi(2)$
8. $\sqrt{\frac{3}{2}}$，3

二、计算题

1. 记 A：取得正品硬币；B：投掷 r 次，每次都得到国徽；取 $\{A,\bar{A}\}$ 作为样本空间的划分，有

$$P(A\mid B)=P(B\mid A)P(A)/[P(B\mid A)P(A)+P(B\mid\bar{A})P(\bar{A}]$$

$$=\frac{\frac{m}{m+n}\cdot\frac{1}{2^r}}{\frac{m}{m+n}\cdot\frac{1}{2^r}+\frac{n}{m+n}}=\frac{m}{m+n2^r}$$

2. 某一次在窗口等待时间超过10分钟的概率记为 P，$P=\int_{10}^{+\infty}(\frac{1}{5})e^{(-\frac{x}{5})}dx=e^{-2}$，注意到，顾客每月到银行五次也就是进行了五重的贝努利试验，每次试验得不到服务的概率为 e^{-2}，所以 $Y\sim B(5,e^{-2})$，即

$P\{Y=k\}=C_5^k(e^{-2})^k(1-e^{-2})^{5-k}\quad(k=0,1,\cdots,5)$

$P\{Y\geqslant 1\}=1-P\{y=0\}=1-(1-e^{-2})^5$

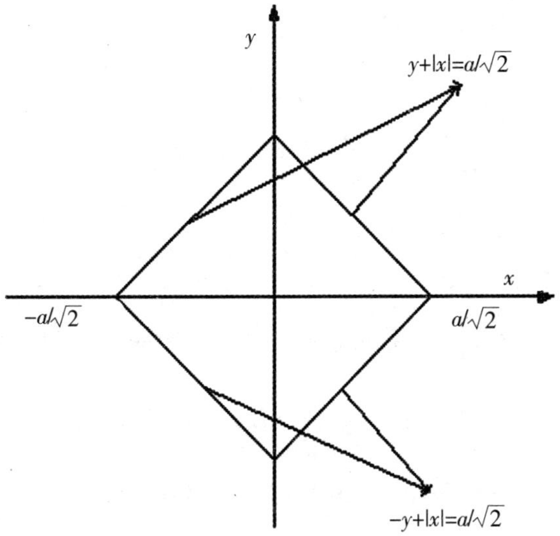

3. (1) $f_X(x)=\int_{-\infty}^{+\infty}f(x,y)\mathrm{d}y=\begin{cases}\int_{-a/\sqrt{2}+|x|}^{a/\sqrt{2}-|x|}\frac{1}{a^2}\mathrm{d}y=\frac{2}{a^2}(\frac{a}{\sqrt{2}}-|x|), & |x|\leqslant\frac{a}{\sqrt{2}}\\ 0, & \text{其他}\end{cases}$

由对称性得

$$f_Y(y)=\int_{-\infty}^{+\infty}f(x,y)\mathrm{d}x=\begin{cases}\int_{-a/\sqrt{2}+|y|}^{a/\sqrt{2}-|y|}\frac{1}{a^2}\mathrm{d}x=\frac{2}{a^2}(\frac{a}{\sqrt{2}}-|y|), & |y|\leqslant\frac{a}{\sqrt{2}}\\ 0 & \text{其他}\end{cases}$$

(2) 当 $|y|<a/\sqrt{2}$ 时,有

$$f_{X|Y}(x\mid y)=\frac{f(x,y)}{f_Y(y)}=\begin{cases}\frac{1}{\sqrt{2}a-2|y|}, & |x|\leqslant\frac{a}{\sqrt{2}}-y\\ 0, \text{其他}\end{cases}$$

4. 记取出的 4 只电子管寿命分别为 X_1、X_2、X_3、X_4 ,所求概率 P 为

$P=P\{\min(X_1,X_2,X_3,X_4)\geqslant 180\}$

$=P\{X_i\geqslant 180\}^4=[1-P\{X_i\leqslant 180\}]^4\quad(i=1,2,3,4)$

$=[1-\Phi(1)]^4=0.000\ 63$

5. 记圆盘面积为 S ,圆盘直径为 R ,则 $S=\frac{1}{4}\pi R^2$,由随机变量函数的数学期望的计算方法有

$$E(S)=\int_a^b\frac{1}{4}\pi r^2(\frac{1}{b}-a)\mathrm{d}r$$
$$=\frac{1}{12}\pi(b^2+ab+a^2)$$

三、解:(1)矩法估计量

$E(X)=\int_{-\infty}^{+\infty}xf(x)\mathrm{d}x=\int_{\mu}^{+\infty}\frac{x}{\theta}\mathrm{e}^{-\frac{x-\mu}{\theta}}\mathrm{d}x=-x\mathrm{e}^{-\frac{x-\mu}{\theta}}\Big|_{\mu}^{\infty}+\int_{\mu}^{+\infty}\mathrm{e}^{-\frac{x-\mu}{\theta}}\mathrm{d}x=\mu-\theta\mathrm{e}^{-\frac{x-\mu}{\theta}}\Big|_{\mu}^{+\infty}=\mu+\theta$

$$E(X^2)=\int_{-\infty}^{+\infty}x^2f(x)\mathrm{d}x=\int_{\mu}^{+\infty}\frac{x^2}{\theta}\mathrm{e}^{-\frac{x-\mu}{\theta}}\mathrm{d}x=-x^2\mathrm{e}^{-\frac{x-\mu}{\theta}}\Big|_{\mu}^{\infty}+2\int_{\mu}^{+\infty}x\mathrm{e}^{-\frac{x-\mu}{\theta}}\mathrm{d}x$$
$$=\mu^2+2\theta(\mu+\theta)=(\mu+\theta)2+\theta^2$$

令 $\begin{cases}E(X)=(\mu+\theta)=\bar{X}\\E(X^2)=(\mu+\theta)^2+\theta^2=A_2\end{cases}$，解之得 μ、θ 的矩法估计量为

$$\hat{\mu}=\bar{X}-\sqrt{A_2-\bar{X}^2},\ \hat{\theta}=\sqrt{A_2-\bar{X}^2}$$

(2) 极大似然估计

$L(\mu,\theta)=\frac{1}{\theta^n}\exp\{-\frac{1}{\theta}(\sum_{i=1}^{n}x_i-n\mu)\}\mu<\min\{x_1,\cdots,x_n\}$，$\ln L=-n\ln\theta-\frac{1}{\theta}(\sum_{i=1}^{n}x_i-n\mu)\mu<\min\{x_1,\cdots,x_n\}$，$\frac{\partial\ln L}{\partial\mu}=\frac{n}{\theta}>0$，故 $\ln L$ 是 μ 的递增函数，故 $\hat{\mu}=\min\{x_1,\cdots,x_n\}$。由 $\frac{\partial\ln L}{\partial\theta}=0$ 得 $\hat{\theta}=\bar{x}-\min\{x_1,\cdots,x_n\}$，所以极大似然估计量为 $\hat{\mu}=\min\{X_1,\cdots,X_n\}$，$\hat{\theta}=\bar{X}-\min\{X_1,\cdots,X_n\}$

四、证明：由方差的计算公式有：$E(\hat{\theta}^2)=E[(\hat{\theta})^2]=D(\hat{\theta})+[E(\hat{\theta})]^2$，再由 $\hat{\theta}$ 是 θ 的无偏估计可得：$E(\hat{\theta}^2)=D(\hat{\theta})+\theta^2$，易见当 $D(\hat{\theta})>0$ 时，$\hat{\theta}^2=(\hat{\theta})^2$ 不是 θ^2 的无偏估计。

五、构造检验统计量 $F=\frac{S_1^2}{S_2^2}$，当 H_0 为真时，$F=\frac{S_1^2}{S_2^2}\sim F(n_1-1,n_2-1)$，；当 H_0 不真而 H_1 为真时，由 $F=\frac{S_1^2}{S_2^2}=\frac{S_1^2/\sigma_1^2}{S_2^2/\sigma_2^2}.\frac{\sigma_1^2}{\sigma_2^2}$，即一个 $F(n_1-1,n_2-1)$ 的统计量乘以一个小于 1 的数，$F=\frac{S_1^2}{S_2^2}$ 有偏小的趋势，所以当 $F=\frac{S_1^2}{S_2^2}$ 偏小时我们拒绝 H_0 而接受 H_1，拒绝域的形式是：$F=\frac{S_1^2}{S_2^2}<K$。当 H_0 为真时 $F=\frac{S_1^2}{S_2^2}\sim F(n_1-1,n_2-1)$ 确定常数 K，得拒绝域为：$F=\frac{S_1^2}{S_2^2}<F_{1-\alpha}(n_1-1,n_2-1)$。

概率论与数理统计期末模拟试题三

一、填空题

1. 0.2
2. $\frac{C_D^2}{C_N^2},\frac{D(N-D)}{C_N^2}$
3. $3.5n$
4. $t(n-1)$
5. -7，13
6. 0.24

7. 0

8. $\sqrt[3]{4}$

二、A:表示取到第一箱零件;$B_i(i=1,2)$:表示第 i 次取到一等品,由全概率公式知:

$$P(B_2)=P(A)P(B_1B_2\mid A)+P(A)P(B_2\bar{B}_1\mid A)+P(\bar{A})P(B_1B_2\mid\bar{A})+P(\bar{A})P(B_2\bar{B}_1\mid\bar{A})$$

$$=0.5\left(\frac{C_{10}^2}{C_{50}^2}+\frac{C_{10}^1C_{40}^1}{A_{50}^2}+\frac{C_{18}^2}{C_{30}^2}+\frac{C_{18}^1C_{12}^1}{A_{30}^2}\right)=0.4$$

$$P(B_2\mid B_1)=\frac{P(B_1B_2)}{P(B_1)}=\frac{P(B_1B_2\mid A)P(A)+P(B_1B_2\mid\bar{A})P(\bar{A})}{P(B_1\mid A)P(A)+P(B_1\mid\bar{A})P(\bar{A})}$$

$$=\frac{0.5\left(\frac{C_{10}^2}{C_{50}^2}+\frac{C_{18}^2}{C_{30}^2}\right)}{0.5(0.2+0.6)}=0.485\ 6$$

$$P(\bar{B}_1\bar{B}_2\mid)=P(A)P(\bar{B}_1\bar{B}_2\mid A)+P(\bar{A})P(\bar{B}_1\bar{B}_2\mid\bar{A})=0.5\left(\frac{C_{40}^2}{C_{50}^2}+\frac{C_{12}^2}{C_{30}^2}\right)=0.394\ 2$$

三、由概率密度函数的归一性得:$1=\int_0^1 Ax(1-x)\mathrm{d}x=A\,\frac{1}{6}$,故 $A=6$,因此有

$$F(x)=\int_{-\infty}^{x}f(x)\mathrm{d}x=\begin{cases}0, & x<0\\ \int_0^x 6u(1-u)\mathrm{d}u=3x^2-2x^3, & x\leqslant 0<1\\ \int_0^1 6u(1-u)\mathrm{d}u=1, & x\geqslant 1\end{cases}$$

$$EX=\int_0^1 x\cdot 6x(1-x)\mathrm{d}x=0.5$$

$$DX=\int_0^1 x^2\cdot 6x(1-x)\mathrm{d}x-0.25=0.05$$

四、由题意 X,Y 的概率密度函数分别为

$$f_X(x)=\begin{cases}\int_0^x 12y^2\mathrm{d}y\\ 0\end{cases}=\begin{cases}4x^3, & 0\leqslant x\leqslant 1\\ 0, & x>1、x<0\end{cases}$$

$$f_Y(y)=\begin{cases}\int_y^1 12y^2\mathrm{d}x\\ 0\end{cases}=\begin{cases}12y^2(1-y), & 0\leqslant y\leqslant 1\\ 0, & y>1、y<0\end{cases}$$

由两个随机变量和 Z 的密度函数公式 $f_Z(z)=\int_{-\infty}^{\infty}f(x,z-x)\mathrm{d}x$,要使被积函数非 0,$x$、$z$ 必须满足 $0\leqslant x\leqslant 1$、$x\leqslant z\leqslant 2x$,故 Z 的密度函数应为

$$f_Z(z)=\begin{cases}0\\ \int_{\frac{z}{2}}^{z}12\,(z-x)^2\mathrm{d}x\\ \int_{\frac{z}{2}}^{1}12\,(z-x)^2\mathrm{d}x\end{cases}=\begin{cases}0, & z<0,z\geqslant 2\\ \frac{z^3}{2}, & 0\leqslant z<1\\ \frac{z^3}{2}-4((z-1)^3, & 1\leqslant z<2\end{cases}$$

$$E(XY)=\int_0^1\mathrm{d}x\int_0^x 12xy^3\mathrm{d}y=0.5$$

五、(1) 因为 $\bar{X}$ 是样本矩,μ 是总体矩,故 μ 的矩估计量是 $\bar{\mu}=\bar{X}$。

(2) 似然函数为

$$L=\prod_{i=1}^{n}\frac{1}{\sqrt{2\pi}2}e^{-\frac{(x_i-\mu)^2}{2^2}}=(\frac{1}{\sqrt{2\pi}2})^n e^{-\frac{\sum_{i=1}^{n}(x_i-\mu)^2}{4}}$$

$$\ln L=-n\ln(2\sqrt{2\pi})-\frac{\sum_{i=1}^{n}(x_i-\mu)^2}{4}$$

$$\frac{\partial \ln L}{\partial \mu}=\frac{\sum_{i-1}^{n}(x_i-\mu)}{2}=0$$

故 μ 的极大似然估计量为 $\bar{\mu}=\bar{X}$。

(3) 因为 $P(X_i\leqslant 0)=\psi(\frac{-\mu}{2})=1-\psi(\frac{\mu}{2})$，故 $Y\sim B(n,1-\psi(\frac{\mu}{2}))$。

(4) 检验统计量为 $U=(\bar{X}-3)\frac{\sqrt{n}}{2}$。

概率论与数理统计期末模拟试题四

一、填空题

1. 0.3

2. 0.8

3. $F(x)=\begin{cases}0, & x<0\\ \frac{1}{3}, & 0\leqslant x<1\\ 1, & x>1\end{cases}$

4. 0

5. 0.75

6. $f(x)=\begin{cases}\frac{1}{3}, & -1<x<2\\ 0, & \text{其他}\end{cases}$

7. 3

8. $\frac{1}{9}$

9. $N(20,0.3)$

10. (4.412,5.588)

二、单选题

1.C； 2. D； 3. C； 4. C；5. B

三、解答题

1. 解：记 $A=\{$顾客买下该箱玻璃杯$\}$，$B_i=\{$箱中恰有 i 件残次品$\}$ $(i=0,1,2)$，

$P(B_0)=0.8, P(B_1)=0.1, P(B_2)=0.1$。

(1) 由全概率公式得 $P(A)=0.8\times 1+0.1\times 4/5+0.1\times 12/19\approx 0.94$

(2) 由贝叶斯公式 $P(B_0\mid A)=\dfrac{P(A\mid B_0)P(B_0)}{P(A)}\approx\dfrac{0.8}{0.94}\approx 0.85$

2. 解：(1) 由 $\int_{-\infty}^{+\infty}f(x)\mathrm{d}x=1$，则 $\int_{-1}^{1}\dfrac{a}{\sqrt{1-x^2}}\mathrm{d}x=1$，故 $a=\dfrac{1}{\pi}$；

(2) $P(-0.5<X<0.5)=\int_{-0.5}^{0.5}\dfrac{a}{\sqrt{1-x^2}}\mathrm{d}x=\dfrac{1}{3}$。

3. 解：(1) 利用乘法公式，可得二维随机变量 (X,Y) 的分布律

X \ Y	1	2	3
1	0	$\frac{1}{12}$	$\frac{1}{6}$
2	$\frac{1}{12}$	0	$\frac{1}{6}$
3	$\frac{1}{6}$	$\frac{1}{6}$	$\frac{1}{6}$

(2) 由(1)可得 X 的边缘分布律为：

X	1	2	3
P	$\frac{1}{4}$	$\frac{1}{4}$	$\frac{1}{2}$

Y 的边缘分布律为：

Y	1	2	3
P	$\frac{1}{4}$	$\frac{1}{4}$	$\frac{1}{2}$

(3) $P(X=1,Y=1)=0\neq P(X=1)P(Y=1)$，由独立的判断条件可推得 X 与 Y 不独立。

4. 解：设 X_i 为第 i 个电子元件的寿命 $(i=1,2,\cdots,16)$，由已知 $E(X_i)=100$，$D(X_i)=10\ 000$，则由中心极限定理得

$$P\left(\sum_{i=1}^{16}X_i>1\ 920\right)=P\left(\frac{\sum_{i=1}^{16}X_i-1\ 600}{400}>\frac{1\ 920-1\ 600}{400}\right)\approx 1-\Phi(0.8)=0.211\ 9。$$

5. 解：$P(X<200)=\int_{-\infty}^{200}f(x)\mathrm{d}x=\int_{100}^{200}\dfrac{100}{x^2}\mathrm{d}x=\dfrac{1}{2}$

$$P(200\text{ 小时内 4 只电子元件恰有 3 只损坏})=C_4^3\,\frac{1}{2}^3\left(\frac{1}{2}\right)=\frac{1}{4}。$$

6. 解：$E(x)=\int_0^1 x(\theta+1)x^\theta\mathrm{d}x=\dfrac{\theta+1}{\theta+2}$，令 $\dfrac{\theta+1}{\theta+2}=\dfrac{1}{n}\sum_{i=1}^{n}X_i=\bar{X}$，求解得 θ 的矩估计量

为 $\hat{\theta}=\dfrac{2\bar{X}-1}{1-\bar{X}}$。

7. 解：由已知提出假设 $H_0:\mu=10$，$H_1:\mu\neq 10$，取统计量 $Z=\dfrac{\bar{X}-10}{\sigma/\sqrt{n}}$，在 H_0 成立时 $Z\sim N(0,1)$，$n=100$，$\sigma=0.5$，$\bar{x}=10.16$，则 $|z|=1.0119<1.96$，故接受 H_0，即认为部件装配时间的均值为 10(分钟)。

8. 解：设 Y 表示厂方出售一台设备的净获利，则 $P(Y=100)=P(X>1)=\int_1^{+\infty}\frac{1}{4}e^{-\frac{x}{4}}dx=e^{-\frac{1}{4}}$，$P(Y=-200)=P(X\leqslant 1)=1-e^{-\frac{1}{4}}$，故 $E(Y)=100e^{-\frac{1}{4}}+(-200)(1-e^{-\frac{1}{4}})=33.64$(元)。

四、证明：由 $X\sim N(\mu,\sigma^2)$ 得 $E(\hat{\mu}_1)=\frac{1}{5}E(X)+\frac{2}{5}E(X)+\frac{2}{5}E(X)=E(X)=\mu$，$E(\hat{\mu}_2)=\frac{1}{3}E(X)+\frac{1}{3}E(X)+\frac{1}{3}E(X)=E(X)=\mu$，$E(\hat{\mu}_3)=\frac{1}{7}E(X)+\frac{2}{7}E(X)+\frac{4}{7}E(X)=E(X)=\mu$，故 $\hat{\mu}_1$、$\hat{\mu}_2$、$\hat{\mu}_3$ 为 μ 的无偏估计量。

$D(\hat{\mu}_1)=\frac{1}{25}D(X)+\frac{4}{25}D(X)+\frac{4}{25}D(X)=\frac{9}{25}\sigma^2$，$D(\hat{\mu}_2)=\frac{1}{9}D(X)+\frac{1}{9}D(X)+\frac{1}{9}D(X)=\frac{1}{3}\sigma^2$，$D(\hat{\mu}_3)=\frac{1}{49}D(X)+\frac{4}{49}D(X)+\frac{16}{49}D(X)=\frac{21}{49}\sigma^2$，故 $\hat{\mu}_2$ 更有效。

概率论与数理统计期末模拟试题五

一、填空题

1. $\frac{13}{21}$

2. 0.348

3. $\frac{2}{3}$

4. 0

5. $\psi(1/5)$

二、取产品可能取到的次品数是 0、1、2，对取产品而言，基本事件总数为 $10\times 9\times 8$，对取到的次品数 0 这一事件，包含的基本事件总数为 $8\times 7\times 6$，故 X 的分布律为

X	0	1	2
P	$\frac{7}{15}$	$\frac{7}{15}$	$\frac{1}{15}$

由 X 的分布律直接可得 $Y=2X^2+1$ 的分布律为

Y	1	3	9
P	$\frac{7}{15}$	$\frac{7}{15}$	$\frac{1}{15}$

三、ξ 的密度函数为 $f(x)=\begin{cases}0, x\notin[0,5]\\0.2, x\in[0,5]\end{cases}$，要使方程有实根必须有 $\Delta\geqslant 0$，$\Delta=16\xi^2-16\xi-32\geqslant 0$，得 $\xi\geqslant 2$，或 $\xi\leqslant -1$，故方程有实根的概率为

$$P(\xi\geqslant 2)=\int_2^5 0.2\mathrm{d}x=0.6$$

四、由题意 $P(X>1\,500)=\int_{1\,500}^{\infty}\frac{1\,000}{x^2}\mathrm{d}x=\frac{2}{3}$，使用最初 1 500 小时没有一个电子管损坏的概率为 $(\frac{2}{3})^5=\frac{32}{243}$，这段时间内至少有两只电子管损坏的概率为 $1-(\frac{2}{3})^5-5(\frac{2}{3})^4(\frac{1}{3})=\frac{131}{243}$。

五、由题意知 (X,Y) 服从区域 D 上的均匀分布，可得 (X,Y) 的概率密度函数为

$$f(x,y)=\begin{cases}0,(x,y)\notin D\\1,(x,y)\in D\end{cases}$$

故 X 的概率密度函数为：

$$f(x)=\begin{cases}0\\\int_{-x}^{x}f(x,y)\mathrm{d}y\end{cases}=\begin{cases}0, & x\notin[0,1]\\2x, & x\in[0,1]\end{cases}$$

当 $x\in(0,1)$ 时，$f_{Y|X}(y|x)=\frac{f(x,y)}{f_X(x)}=\frac{1}{2x}, |y|\leqslant x$；

$$f_Z(z)=\int_{-\infty}^{\infty}f(x,z-x)\mathrm{d}x=\begin{cases}0, & z<0\\\int_{z/2}^{1}\mathrm{d}x=1-\frac{z}{2}, & z\in[0,2)\\0, & z\geqslant 2\end{cases}$$

六、(1) 因为 $EX=\int_0^{\infty}x\lambda\mathrm{e}^{-\lambda x}\mathrm{d}x=\frac{1}{\lambda}$，故 λ 的矩估计为：$\bar{\lambda}=\frac{1}{\bar{X}}$

(2) 似然函数为 $L=\prod_{i=1}^{n}\lambda\mathrm{e}^{-\lambda x_i}=\lambda^n\mathrm{e}^{-\lambda\sum_{i=1}^{n}x_i}$，$\ln L=n\ln\lambda-\lambda\sum_{i=1}^{n}x_i$，$\frac{\partial\ln L}{\partial\lambda}=\frac{n}{\lambda}-\sum_{i=1}^{n}x_i=0$；故 λ 的极大似然估计为：$\bar{\lambda}=\frac{1}{\bar{X}}$。

(3) 因为 $E\bar{X}=\frac{1}{n}E(\sum_{i=1}^{n}X_i)=\frac{n}{n\lambda}=\frac{1}{\lambda}$，故 $\bar{X}$ 是 $\frac{1}{\lambda}$ 的无偏估计。

七、解：由于 S^2 是 σ^2 的无偏估计量，当 H_0 为真时，$\frac{(n-1)S^2}{\sigma_0^2}\sim\chi^2(n-1)$，故取 $\chi^2=\frac{(n-1)S^2}{\sigma_0^2}$ 作为检验统计量，又因为 $P(\frac{(n-1)S^2}{\sigma_0^2}\leqslant\chi^2_{1-\alpha/2}(n-1)\cup\frac{(n-1)S^2}{\sigma_0^2}\geqslant\chi^2_{\alpha/2}(n-$

1)) $=\alpha$，于是得否定域为 $(0,\chi^2_{1-\alpha/2}(n-1))\cup(\chi^2_{\alpha/2}(n-1),+\infty)$

八、证明：A_k：表示母鸡生有 k 个蛋，B：蛋孵成小鸡，X：母鸡有下一代的个数，则

$$P(X=r)=\sum_{i=k}^{\infty}P(X=r|A_k)P(A_K)=\sum_{k=r}^{\infty}C_k^r p^r(1-p)^{k-r}\frac{\lambda^k}{k!}e^{-\lambda}$$

$$=\sum_{k=r}^{\infty}\frac{k!}{r!(k-r)!}p^r(1-p)^{k-r}\frac{\lambda^k}{k!}e^{-\lambda}=\frac{(\lambda p)^r}{r!}e^{-\lambda}\sum_{k=r}^{\infty}\frac{(1-p)^{k-r}\lambda^{k-r}}{(k-r)!}$$

$$=\frac{(\lambda p)^r}{r!}e^{-\lambda}e^{(1-p)\lambda}=\frac{(\lambda p)^r}{r!}e^{-\lambda p}$$

历年考研真题

第一章

1. C；2. A；3. D；4. B；5. B；6. C；7. C

第二章

1. [1, 3]
2. 4
3. $\begin{cases}0, & y<0\\ y, & 0\leqslant y<1\\ 1, & y\geqslant 1\end{cases}$
4. C
5. A

第三章

1. $f(u)=\begin{cases}1-\dfrac{u}{2}, & 0\leqslant u\leqslant 2\\ 0, & \text{其他}\end{cases}$
2. $\dfrac{1}{4}$
3. $0.3f(u-1)+0.7f(u-2)$
4. $\dfrac{13}{48}$
5. B
6. $f_X(x)=\begin{cases}\int_0^{2x}1\mathrm{d}y=2x, 0<x<1\\ 0, \text{其他}\end{cases}$

$$f_Y(y)=\begin{cases}\int_{\frac{y}{2}}^{1}1\mathrm{d}x=1-\frac{y}{2},0<y<2\\0,\quad 其他\end{cases}$$

$$f_Z(z)=\begin{cases}1-\frac{z}{2},0\leqslant z<2\\0,\quad 其他\end{cases}$$

$$P\{Y\leqslant\frac{1}{2}\Big|X\leqslant\frac{1}{2}\}=\frac{3}{4}$$

7.(1) $f(x,y)=\begin{cases}\frac{1}{x},0<y<x<1\\0,\quad 其他\end{cases}$

(2) $f_Y(y)=\begin{cases}-\ln y,\ 0<y<1\\0,\quad 其他\end{cases}$

(3) $1-\ln2$

8. $\frac{1}{9}$

9. $f_Y(y)=F_Y'(y)=\begin{cases}\frac{3}{8\sqrt{y}},\quad 0<y<1\\\frac{1}{8\sqrt{y}},\quad 1\leqslant y<4\\0,\quad 其他\end{cases}$; $\frac{1}{4}$

第四章

1. B

2. $E(x)=\frac{1}{p}$；$D(x)=\frac{1-p}{p^2}$

3. $\frac{8}{9}$

4. 略；

5. (1) $f_1(x)=\frac{1}{\sqrt{2\pi}}e^{-\frac{x^2}{2}}$；$f_2(y)=\frac{1}{\sqrt{2\pi}}e^{-\frac{y^2}{2}}$；$p=0$；

(2) 不独立。

6. A

7. $\frac{1}{18}$

8. 5

9. -0.02

10. 0

11.(1)

X \ Y	-1	1
-1	$\frac{1}{4}$	0
1	$\frac{1}{2}$	$\frac{1}{4}$

(2) 2

12. $F(y)=\begin{cases}0, & y<0\\ 1-e^{-\frac{y}{5}}, & 0\leqslant y<2\\ 1, & y\geqslant 2\end{cases}$

13. $\frac{3}{2}$； $\frac{1}{4}$

14. 0.9

15. C

16. 6

17. 略

18. $\frac{1}{e}$

19. C

20.(1)

X \ Y	0	1
0	$\frac{2}{3}$	$\frac{1}{12}$
1	$\frac{1}{6}$	$\frac{1}{12}$

(2) $\frac{\sqrt{15}}{15}$

(3)

Z	0	1	2
P	$\frac{2}{3}$	$\frac{1}{4}$	$\frac{1}{12}$

21.(1)

X \ Y	0	1
0	$\frac{2}{3}$	$\frac{1}{12}$
1	$\frac{1}{6}$	$\frac{1}{12}$

(2) $\frac{\sqrt{15}}{15}$

22. (1) $1-\frac{1}{n}$； (2) $-\frac{1}{n}$； (3) $\frac{1}{2}$

23. $f_Y(y)=F_Y'(y)=\begin{cases}\frac{3}{8\sqrt{y}}, & 0<y<1\\ \frac{1}{8\sqrt{y}}, & 1\leqslant y<4\\ 0, & \text{其他}\end{cases}$；

$\text{cov}(X,Y)=\frac{2}{3}$；$F(-\frac{1}{2},4)=\frac{1}{4}$

第五章

1. $\frac{1}{12}$

2. $\frac{1}{12}$

3. 98

4. C

第六章

1. $2(n-1)6^2$

2. F；(10, 5)

3. C

4. $\frac{1}{2}$

5. $1-\frac{1}{n}$；$-\frac{1}{n}$

6. 2

第七章

1. $\hat{\theta} = \min\limits_{1 \leqslant i \leqslant n} x_i$

2. (1) $e^{u+\frac{1}{2}}$； (2) $(-0.98, 0.98)$； (3) $(e^{-0.48}, e^{1.48})$

3. $\bar{X} - 1$

4. $\hat{\theta}_{矩} = \frac{1}{4}$；$\hat{\theta}_{\max} = \frac{7-\sqrt{13}}{12}$

5. $(39.51, 40.49)$

6. (1) $F(x) = \begin{cases} 0, & x < \theta \\ 1 - e^{-2(x-G)}, & x \geqslant \theta \end{cases}$

(2) $F_{\hat{\theta}}(x) = \begin{cases} 0, & x < \theta \\ 1 - e^{-2n(x-G)}, & x \geqslant \theta \end{cases}$

(3) $E(\hat{\theta}) = \theta + \frac{1}{2n}$

7. (1) $\hat{\beta} = \frac{\bar{X} - 1}{}$； (2) $\hat{\beta} = \frac{n}{\sum\limits_{i=1}^{n} \ln X_i}$

8. (1) $\beta = \frac{\bar{X}}{\bar{X} - 1}$；(2) $\hat{\beta} = \frac{n}{\sum\limits_{i=1}^{n} \ln x_i}$； (3) $\hat{\alpha} = \min\{X_1, X_2, \cdots, X_n\}$

9. (1) $(1 - \frac{1}{n})\sigma^2$； (2) $-\frac{\sigma^2}{n}$； (3) $\frac{n}{2n-4}$

10. $\theta_{矩} = \frac{3}{2} - \bar{X}$；$\theta_{最大} = \frac{N}{n}$

第八章

1. 可以认为

2. $\frac{\bar{X}}{Q} \cdot \sqrt{n(n-1)}$

全国大学生数学建模竞赛(CUMCM)简介

数学建模是指对现实世界的某一特定对象，为了某特定目的，做出一些重要的简化和假设，运用适当的数学工具得到一个数学结构，用它来解释特定现象的现实形态，预测对象的未来状况，提供处理对象的优化决策和控制，设计满足某种需要的产品等。一般来说，数学建模过程可用如下框图来表明：

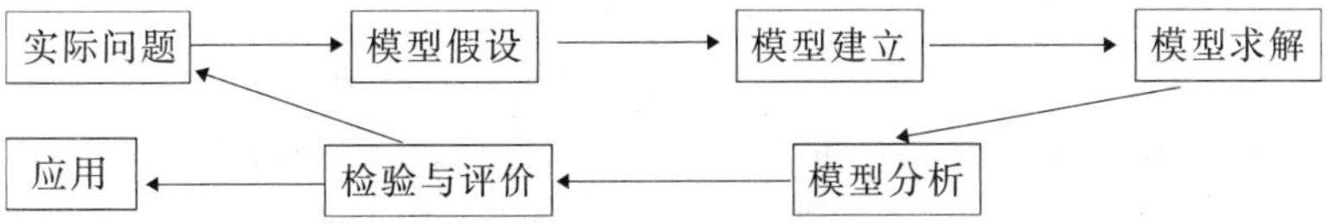

数学是在实际应用的需求中产生的，要解决实际问题就必需建立数学模型，从此意义上说，数学建模和数学一样有古老历史。例如，欧几里德几何就是一个古老的数学模型，牛顿万有引力定律也是数学建模的一个光辉典范。今天，数学以空前的广度和深度向其他科学技术领域渗透，过去很少应用数学的领域现在迅速走向定量化、数量化，需建立大量的数学模型。特别是新技术、新工艺蓬勃兴起，计算机的普及和广泛应用，数学在许多高新技术上起着十分关键的作用。因此数学建模被时代赋予更为重要的意义。

大学生数学建模竞赛自 1985 年由美国开始举办，竞赛以三名学生组成一个队，赛前有指导教师培训，赛题来源于实际问题。比赛时要求就选定的赛题每个队在连续三天的时间里写出论文，包括：问题的适当阐述；合理的假设；模型的分析、建立、求解、验证；结果的分析；模型优缺点讨论等。数学建模竞赛宗旨是鼓励大学师生对范围并不固定的各种实际问题予以阐明、分析并提出解法，通过这样一种方式鼓励师生积极参与并强调实现完整的模型构造的过程。以竞赛的方式培养学生应用数学进行分析、推理、证明和计算的能力；用数学语言表达实际问题及用普通人能理解的语言表达数学结果的能力；应用计算机及相应数学软件的能力；独立查找文献、自学的能力，组织、协调、管理的能力；创造力、想象力、联想力和洞察力。它还可以培养学生不怕吃苦、敢于战胜困难的坚强意志，培养自律、团结的优秀品质，培养正确的数学观。这项赛事自诞生起就引起了越来越多的关注，逐渐有其他国家的高校参加。我国自 1989 年起陆续有高校参加美国大学生数学建模竞赛。1992 年起我国开始举办自己的大学生数学建模竞赛，并成为国家教育部组织的全国大学生四项学科竞赛之一。我校近年来每年组织学生参加大学生数学建模竞赛。

中国大学生数学建模竞赛(China Undergraduate Mathematical Contest in Modeling (CUMCM))网址：http://www.mcm.edu.cn/。

参考文献

1. 韩旭里,谢永钦 . 概率论与数理统计. 上海:复旦大学出版社,2013

2. 盛骤,谢式千,潘承毅. 概率论与数理统计. 北京:高等教育出版社,2001

3. 魏宗舒. 概率论与数理统计. 北京:高等教育出版社,1983

4. 胡细宝,王丽霞. 概率论与数理统计. 北京:北京邮电大学,2004

5. 王梓坤. 概率论基础与应用. 北京:高等教育出版社,1976

6. 傅权. 基本统计方法教程. 上海:华东师范大学出版社,1989

7. 王学仁. 经济学中的统计方法. 北京:科学出版社,2000

8. 盛承懋. 经济管理中的定量决策方法. 上海:上海科技文献出版社,1990

9. 吴赣昌 . 概率论与数理统计学习辅导与习题解答(理工类). 北京:中国人民大学出版社,2010

10. 吴赣昌 . 概率论与数理统计学习辅导与习题解答(经管类). 北京:中国人民大学出版社,2012

11. 盛骤,谢式千,潘承毅. 概率论与数理统计学习辅导与习题选解. 北京:高等教育出版社,2003

12. 1987—2006 年各年概率论与数理统计考研(数学一、数学三、数学四)真题